好好说话

——话说对了，事就成了

张笑恒 著

北京工业大学出版社

图书在版编目（CIP）数据

好好说话：话说对了，事就成了 / 张笑恒著 .
—北京：北京工业大学出版社，2017.4（2018.4 重印）
ISBN 978-7-5639-5124-6

Ⅰ . ①好…　　Ⅱ . ①张…　　Ⅲ . ①口才学—通俗读物
Ⅳ . ① H019-49

中国版本图书馆 CIP 数据核字（2016）第 318948 号

好好说话——话说对了，事就成了

著　　者：张笑恒
责任编辑：钱子亮
封面设计：李尘工作室
出版发行：北京工业大学出版社
　　　　　（北京市朝阳区平乐园 100 号　邮编：100124）
　　　　　010-67391722（传真）　　　bgdcbs@sina.com
出 版 人：郝　勇
经销单位：全国各地新华书店
承印单位：三河市兴国印务有限公司
开　　本：700 毫米 ×1000 毫米 1/16
印　　张：15.75
字　　数：188 千字
版　　次：2017 年 4 月第 1 版
印　　次：2018 年 4 月第 2 次印刷
标准书号：ISBN 978-7-5639-5124-6
定　　价：30.00 元

前　言

我们永远不能小看说话的威力，正如主持人蔡康永所说的："好好说话，你才会过得好。"学诚法师也说过："好好说话，就是改变命运。"

有人总是抱怨别人对自己的态度不友善，抱怨别人不愿意帮助自己。其实别人对待你的果，都来自你说话的因。美国著名人际关系学大师戴尔·卡耐基有一句至理名言："人类本质里最深层的驱动力就是希望具有的重要性，你要别人怎么对待你，你就先怎样对待别人。"

美国著名演说家戴普说过："世界上再没有比令人心悦诚服的交谈能力更能迅速获得成功与别人的钦佩了，这种能力，任何人都可以培养出来。"如果不想处处招人厌恶，想要改变别人对你的态度，那就从好好说话开始。

好好说话，就是心宜善言宜慢。

孔子曾说侍奉在君子旁边陪他说话，要避免犯三种过失。其中一种就是"言未及之而言谓之躁"，意思是，还没有问到你的时候就说话，这是急躁。生活中，如果一个人总是不假思索地快言快语，早晚会伤人害己。

慢一点下结论，会帮你理清事情的本质；慢一点答应请求，可以避免陷于尴尬；慢一点"吐槽"，可以避免毁损自己的形象；慢一点否定别人，你的建议和批评会更容易被接受。俗话说"言多必失"，说话要三思而后语，多思而慎言，这样可以让我们变得更加谨慎、稳重和冷静，练就我们成熟大气的人格。

好好说话就是对别人的话感兴趣，而非证明自己有趣。

会说话的人总是会把对方放在心上，时刻关注对方的情绪变化，时刻关心对方的心理感受，聊的是对方感兴趣的话题，习惯用商量的口气说话。如果你只是为了证明自己有趣，就像你在舞台上表演的节目并不是下面观众想要看的，那又怎么能怪他们中途退场，或者在下面交头接耳、打瞌睡？

好好说话，就是通俗易懂"接地气"。

记者柴静曾对一期新节目的解说词给出这样的修改意见：讨厌拔腿——（批注）这样的词，拿去，太恶劣了；怒不可遏——删掉，不要滥用形容词；我们纷纷……——我受够了这些小学生惯用语句。

柴静说："好的文字，是要用来听的。说到底，是不装。写文章用副词、连词是想吓唬人。告诉别人，我成年人了，你们要重视我，其实是虚弱。我也是花了好多年才学会平常说话。"

说平常话，是不卖弄文采，是不故作高深，是和人聊聊家常，是讲个生动的故事代替枯涩的大道理，是卸掉伪装流露点真情实感。

好好说话，就是知晓禁忌不越雷区。

朋友失恋，你在他面前秀恩爱；朋友失业，你说自己加薪；有人秃顶，你说他是"顶光公社四毛大队"的社员，意思是他秃顶放光……这绝对是找打架的节奏！

被击中痛处，对任何人来说，都不是一件令人愉快的事。俗话说"打人不打脸，骂人不揭短"，避开别人内心不愿意被提及的伤疤，不仅是处理人际关系的技巧问题，更是对别人的尊重和体贴。

好好说话，就是巧妙赞扬不溜须拍马。

与人交往，赞美的话并不是越多越有效，有时还会弄巧成拙，因此，在称赞他人时应针对不同的情况给予不同方式的称赞。例如，我们生活中常说的"遇物加钱"与"逢人减岁"，意思就是物品往贵处说，人往年轻讲。如果能够经常恰当地使用这些赞美方式，相信一定会为你的人际关系的融洽度增色不少。

好好说话，就是学会拒绝不伤和气。

虽然你碍于面子，怕得罪人，而很难开口说不；但当你答应别人太多事以至于你的人生都不再属于自己的时候，你要立刻、马上开始学习说"不"。说"不"并不是要你不管不顾直接拒绝，比如，要拒绝朋友令你为难的请求，可以巧妙地运用挡箭牌，或是运用"拖延拒绝术"来解决。就算某些事找不到拒绝的理由，也不要撒谎，坦诚地将自己的难处说出来，相信你的朋友也一定会谅解。

此外，好好说话还表现在与他人交往时的礼仪当中。当我们试图说服、批评一个人的时候，一定要注意场合以及言语的分寸和语气，以免触怒他人，最终闹得不欢而散，必要时候我们也可以适当地在言语中穿插一些幽默，以起到化解干戈的作用。

事实上，我们在改变自己说话方式的同时，就是在改变我们面对世界的方式，无论是沟通、演说、说服、谈判，最终都是一次"好好说话"的过程。

本书从 10 个方面进行了深入浅出的叙述，并通过大量贴近生活的事例和精练的要点，使读者认识到会说话的重要性，避免败在说话上，揣摩如何才能让自己更会说话。学会好好说话，相信你一定会像蔡康永说的那样，"本来已经很讨人喜欢，在未来变得更讨人喜欢"。

目　　录

第五章　好好说话，就是谨小慎微不信口开河

第六章　好好说话，就是知晓禁忌不越雷区

第七章　好好说话，就是巧妙赞扬不溜须拍马

第一章

好好说话，就是心宜善言宜慢

1. 最舒服的聊天是你从不抢话

生活中，我们身边可能会有这样一类人，在别人讲话时，经常没等别人讲完就插嘴。哲学家培根曾经说过："打断别人，乱插话的人，甚至比发言冗长者更令人生厌。"的确，打断别人说话是一种非常无礼的行为，不管是谁，自己的话还没说完就被人一嘴插进来，感觉都不会太好。

作为"80后"的文坛领军人物韩寒，曾因处女作《三重门》接到了央视《对话》节目的专访邀请。在节目中，当时只有17岁的韩寒稳如泰山，面对几名咄咄逼人的专家的唇枪舌剑，丝毫不落下风。

韩寒在几年后的一次采访中回忆道："我并不介意那些所谓的专家质疑我，但是我很反感那些专家在谈话中的态度。"的确，在那期《对话》节目播出后，人们可以很直观地看到那些个所谓的专家，都有动不动就插话的毛病，而且一旦插上话了，没三分钟根本停不了，这还是在有主持人提示的情况下。

事后韩寒写了一篇名为"专家的问题"的文章。在这篇文章中韩寒毫不留情但是又真实地写道："节目中请来的那几位专家，基本上每个人说话没有半个钟头打不住，并且两人有互相比谁的废话多的趋势……最后要总结一下这些人在台上如何才能分辨出来：答非所问；没有一个问题能在20句话内解决；喜欢打断别人的话，不喜欢别人打断他的话……"

　　随便就打断别人说话或者中途插话，不管对方是你熟知的人还是陌生人，都是一种非常没有教养的行为。但是这样的陋习却在如今的生活中是大为常见，有些人不管是什么场合，"嘴上功夫"都显得颇为厉害，并且丝毫不关心被打断的人的感受，这种不尊重别人的行为只会让对方多有怨言。

　　想象一下，一个人正讲得兴致勃勃，四周也围满了听得津津有味的听众，这时，你突然插嘴："听说最近天气要变冷了。"不用改天，因为你不合时宜的插嘴，现在的气氛马上就可以变冷。说话的人因为你打断他说话，绝对不会对你有好感，其他人也会在心里埋怨你打扰这么精彩的讲话。

　　就算是非常亲密的朋友，聊到酣畅淋漓之时也不要忘形逾矩，随意打断对方的话。或许每个人都有想要表达自己观点的愿望，可是如果我们不顾及讲话人的感受，不分场合与时机，就去打断别人说话或者抢接别人的话头，那么就很容易扰乱他们的思路，从而引起对方的不快，产生一些不必要的误会。

　　2012 年音乐人高晓松首次跨界，亲自披挂上阵主持一档名为"晓说"的脱口秀节目，该节目仅在推出之初播放量便突破百万，并引来多方热议。

　　其中最引人瞩目的话题便是"晓说"这个名字是源于作家韩寒的灵感。这让很多网友回想起之前韩寒与高晓松两人因为一首歌词的版权问题而发生的不太愉快的经历，也让更多网友不禁疑问，现在两人还是好朋友吗？

　　高晓松在接受《信息时报》记者采访时回答了这个看似有些尴尬的问题。高晓松说："虽然我和他（韩寒）曾经在微博上吵过架，但这个很正常，毕竟生活中谁都吵过架，也有可能成朋友，这是两件事。有的人不吵架也成不了朋友，有的人吵了架也没有成为朋友，这没有必然联系。"

简单地介绍完两个人之间的关系后，高晓松还就"晓说"这个名字提起了韩寒："名字是韩寒给起的。我跟韩寒因为这阵子走得还比较近，经常一块聊聊天什么的……他是一个让人比较舒服的人。他很松弛，他从不抢话，这就已经很舒服了，一个卖了那么多书的人，从不抢话这点，那我觉得这个人就已经很松（松弛）了。"

在生活中，我们打断别人说话时，除了对他人不够尊重外，也是在培养自己一颗自以为是的心，一颗不能体恤他人的心和一颗浮躁之心。如果你突然插入别人的话题，可能会令对方觉得非常不自然，也许因此话题接不下去。更糟的是，如果你一插进去就开始滔滔不绝，别人就会由于你的加入而无法再集中精神于自己的思路。

在与他人的沟通中，我们应该明白，谈话不是演讲，不是个人表演的独角戏，而是双方交流的活动。在谈话中，如果只是只以自己为中心，并且表现得非常强势，喜欢打断对方，总是插话，那么长久下去，只会变成一个令人生厌的人。表面上看起来，谈话场面很热烈，而实际上，因为缺少其他人的参与，谈话已经呈现出外热内冷的局面。

想要在与人交际时获得好人缘，要想让别人喜欢你、接纳你，就必须要戒掉随便打断别人说话的陋习，在别人说话时千万不要插嘴。不要用不相关的话题打断别人说话；不要用无意义的评论打乱别人说话；不要抢着替别人说话；不要急于帮助别人补充讲话；不要为争论鸡毛蒜皮的事情而打断别人的正题——总之，不要打断别人讲话。

2. 交情不深，话说三分就够

俗话说："逢人只说三分话，还有七分话自赏。"我们提倡在人际交往中以诚相见，但是，人与人之间要达到以诚相见的境界势必要有一个过程。社会上形形色色的人有很多，即便是表面上那些很要好的朋友，也可能会出于自我防备而处处以假面具示人。因此，我们为人处事也应给自己加层防备，以免遭遇对方的"暗害"而不自知。

张明哲是一家公司的业务经理，在一次聚会上，偶与另一家公司的业务员相遇，两人很投缘，话也越说越投机，大有相见恨晚之感。张明哲把对方当成了自己的贴心朋友，结果在酒酣耳热之后，把自己公司将要开展的业务计划说了出来。

两个礼拜后，当张明哲的公司把新的业务计划投入实际运作时，却被客户告知别的公司已经在做了，并签了合同。作为与老板共知计划机密之人的张明哲，自然被上司批评一番，并减薪降职，永不重用了。张明哲没想到自己把对方当成朋友，对方反而害了他。

每个人都有自己的秘密，都有一些压在心里不愿为人知的事情。朋友之间，哪怕感情不错，也不要随便把你的事情、你的秘密告诉对方。你的秘密可能是私事，也可能是公事。如果你告诉你的朋友，这些秘密就不再是秘密了。

如果你是职场中人，你将你的秘密告诉你的同事，如果他是一个别有用心的人，虽然不会在外面传播你的秘密，但在关键时刻，他会拿出你的秘密作为武器回击你，使你在竞争中失败。因为一般来说，个人秘密大多是一些不甚体面、不甚光彩甚至是有污点的事情，这个把柄若让人抓住，你的竞争力就会被大大削弱。

有位西方哲学家曾经说过："我宁愿什么也不说，也不愿暴露自己的愚蠢。"事实上，历史上就有很多因为多言而导致败亡的真实故事。如诸葛亮为恢复汉室，举兵伐魏。结果就是因为派遣的送信使者在司马懿面前多说了几句话而让司马懿使个"拖"字诀，拖垮了诸葛亮，蜀军无功而返。看来"逢人只说三分话"的说法，还是很有道理的。

江西卫视曾播出过发生在江苏吴江的一件事：一天晚上，吴江某医院妇产科住院部里忽然传出了一个婴儿撕心裂肺的哭声，当医生赶到现场的时候几乎惊呆了，那个刚出生一天的婴儿头上脸上被人泼满了硫酸，婴儿的眼睛与鼻子几乎都烧没了……

警方随即介入调查，发现原来迫害这个婴儿的凶手竟然是婴儿母亲最好的朋友张某！

事件的真相很快浮出了水面：原来张某虽然表面上与婴儿的母亲关系很好，但心里却因为发生了两件不愉快的事情而对婴儿的母亲怀恨在心。

一件事情是张某曾经向婴儿的母亲借钱，结果对方以无钱的理由拒绝，但几天之后婴儿的母亲却又在电话聊天中告诉张某自己刚刚借了两万元钱给老师的女儿……张某听后便怀恨在心，觉得婴儿的母亲是耍自己——你不借钱也就罢了，不应该把借给别人钱的事在我面前提起。

另外一件事情则是三年前，婴儿的母亲前去探望张某刚出生的孩子，对其刚出生的宝宝的长相给出了很不好的评价，还拿自己的孩子与之相比，以显示自己的优越感，这令张某感到心灵受到了很大的伤害。

当记者在监狱中采访服刑的张某时，张某说："就是想让婴儿的母亲也感受到她曾经感受过的痛苦，让她付出伤害他人的代价。"

而面对记者的镜头，婴儿的母亲却非常愕然，她根本没有想到自己的"粗枝大叶"和"口无遮拦"会给张某造成这么大的伤害。

人们常说，病从口入，祸从口出。一个人如若话说得太多，只会祸从口出。很多时候，一个不善于辞令、口不择言之人，只会给自己招致羞辱甚至灾祸。

其实，不论对别人说自己的秘密，还是去听别人的秘密，都没有什么好处。社会上唯恐天下不乱的人多的是，而且几乎每天都有人在兴风作浪，把别人的短处和隐私，把人与人间的是是非非编排得有声有色，夸大其词，逢人就说，不知由此种下了多少怨恨的种子。

因此，我们一定要谨记，不管在什么场合，如果只图一时之快，不注意言语的轻重对错，不考虑自己行为所带来的后果而任性而为，那么只会给自己带来无尽的烦恼。人情世故本就是是非非，恩怨不断，我们只有学会谨言慎行，这样才不会给自己招惹一些不必要的麻烦。

3. 下结论前，先耐心听对方说完

不管在日常生活中还是在工作中，都有一些人总是能够非常轻易地走近对方，但是相对来说，他们并不是在口头表达能力上非常有优势，主要的原因是他们能够耐心地听完对方的话，因此能够让对方有一种被尊重被理解的感觉。

提起主持人陈鲁豫，人们首先想到的或许并不是她的机敏，也不是她的睿智，而是她那炯炯有神的大眼睛一眨也不眨地望着受访者，右手托着下巴，全神贯注地倾听受访者说话的神态，就像一个知心朋友。

因为《鲁豫有约》这档节目，陈鲁豫走进了公众的视线，同时《鲁豫有约》的宗旨"说出你的故事"，也使得公众了解了许多名流人士的成长故事。

作为央视曾经的"一姐"，倪萍曾出现在《鲁豫有约》的节目中，与鲁豫面对面地聊天、拉家常。倪萍在讲述自己姥姥过世时有一段长达三分半钟的讲话，其间鲁豫一直保持同一个姿态：侧身而坐，面向倪萍，右手手肘靠在沙发靠垫上，左手捉住右手。其间，倪萍在谈到自己决定不给姥姥上呼吸机，姥姥过世时自己心里特别难过时，流泪了。

当镜头转向鲁豫时，我们也可以很清晰地看到鲁豫脸上的泪水，她无声地流着泪。而这三分半钟的时间里，鲁豫除了偶尔点头与偶露微笑外，便没有其他动作。

在访谈过程中，鲁豫扮演的是什么样的角色？她是个认真听故事的人，也是带领观众听好故事的人。当嘉宾有话说，说得精彩的时候，主持人开腔，势必打断倾诉者的说话思路，破坏现场情绪和气氛。也正是因此，鲁豫在受访者开口说话时，很少提出自己的观点以及看法。

当前，一些访谈类节目的主持人往往在受访者的话还没说完的时候就抢着做总结，或是受访者的话刚说出口就打断并替人家把话说完，或是只是不停地按预先设计好的问题提问，答案是什么并不关心，完全把受访者当成一个摆设。这样的谈话节目，即使选题不错，也会因为缺乏自然生动的谈话场面，让观众看起来觉得索然无味。

《鲁豫有约》之所以吸引人，很大程度上是因为主持人陈鲁豫具有很高的倾听艺术。她在节目过程中大量的时间是在倾听，说话时间最多的也就是占总谈话时间的20%，最少的只占7%。她在节目中，常常是提问之后，就静静地、聚精会神地听受访者诉说，不打断，也不急躁，她的倾听使嘉宾感到被尊重、被理解，从而畅所欲言，观众也为其肺腑之言所打动。

为什么主持人的倾听对谈话类节目如此重要呢？美国著名的谈话节目主持人拉里·金认为："想要善于访谈，首先要善于聆听。"

在谈话节目中，主持人应该用"听"去主持，这是毫无疑问的。首先主持人的倾听会使受访者感到被尊重、被理解，从而打开话匣子，把自己的心灵世界展现在观众面前。

我们可以想象一下，当一个人兴致勃勃与地你交谈时，你却东张西望，心不在焉，谈话者肯定会感到你对他的谈话不感兴趣，甚至会感到你对他不尊重，从而把要谈的话收回去，造成交流中断或不顺畅。

其次，倾听给了主持人思考的时间，为深入地追问做酝酿。倾听时的状态是一边听，一边积极思考。主持人根据主题对听到的内容进行快速分析，进行由表及里、由此及彼、去伪存真、去粗取精的加工和提炼，也就是在脑子里进行无稿编辑，从而为深入地追问做准备。

听和说，都是人类社会重要的语言活动，听是说的基础，是交流的前提，交谈是双向交流，说听交替，相辅相成。《鲁豫有约》

节目的成功虽然与主持人陈鲁豫的机敏、睿智、清新亲切等特点以及其他条件分不开，但不可否认，陈鲁豫的倾听艺术是该节目在众多谈话类节目中脱颖而出的重要因素，她的倾听艺术无疑能给我们的生活起到借鉴的作用。

因此，当我们听别人讲话时，不要开口去打断他，让他陈述他的意见和理由，即使他表达的内容让你无法同意和接纳，尤其是当你已经提出反对意见时，更应先听完对方的意见，等听完后再做反论："你说得很有道理，但是……"

心理学家曾提出过一个名为"心理定式"的概念，即若一个人肚子里有事，他就会启动其心理定式准备讲话，直到他把事情全部说完，他的心理定式才会转变为听你的意见。

如果你不听对方的意见就直接提出反论，那么，势必引起对方在情感上的反驳，当然也就无法引起听你说话的欲望，这样做是极不明智的，尤其是对一些比较霸道和固执的人，采取这种方式会马上遭到反驳。

最有攻心技巧的人，在他的意见遭到反对，或某人要发牢骚时，他总是耐心地听对方把话讲完，还进一步请对方重复其中某些观点和理由，询问对方是否还有别的什么事情要说。这样做就消除了对方的抵触情绪，使对方意识到，听话的人对他的观点感兴趣。

4. 别人的请求，想好了再答应不迟

不知道从什么时候开始，人们越来越喜欢给予承诺。诚然，承诺会让人觉得你更值得信任。可是，当那份承诺没有得到履行，又算是什么呢？很多时候，我们不要去轻易地许诺，因为许诺意味着必须履行的诚信。如果你并不能保证自己的承诺会完整地履行，那么就不要去尝试许诺，否则结果就只有出尽洋相。

2016年5月的一天深夜，歌手薛之谦发微博长文指责《谁是大歌神》节目组剪歌。薛之谦在长文中表示自己在猜评团的椅子上坐了一个季度，主动为节目想梗，自愿吃焦糖做的眼镜口红，用水浇自己的头，跪在地上倒立扑摔做效果，还因别的节目会撞到播出时段而推掉其他节目，节目组提出加通告费也没多要一分钱，节目从中午12点录到深夜3点，也没多说一个字。做了这么多，薛之谦表示只有一个心愿，就是最后一期节目可以上台唱一首歌别剪掉，然而节目组最后却依然未能遵守承诺，剪掉了那首歌。

在这条微博发出后，网友们在佩服薛之谦的勇气、为他点赞之余，也为他的这个做法而担心，这一次薛之谦炮轰《谁是大歌神》很可能就此堵上了他和浙江卫视的合作之路。

所幸的是，薛之谦微博一经发出，网友纷纷支持薛之谦，指责节目组不遵守承诺。有网友在微博下方留言说："老薛不是个计较的人，很多事他都可以一笑而过，他若是发了这样的微博，想必他这次一定伤心了。"随后《谁是大歌神》节目组也在官微中回应称剪掉是因为时长原因，并向薛之谦本人郑重道歉。

在人际交往中，每个人都会不经意地许下诺言，但是能信守诺言的人却没有几个。因此，千万不要轻易地许诺，这样不仅不会让自己赚取信誉，反而会让自己成为言而无信的人。如此一来，朋友也会越来越少，自己的口碑也会越来越差。

生活中，那些敢于乱拍胸脯表态的人，不一定是勇敢的人，要看他们兑现承诺的诚信记录，要分析他们敢于承诺的条件基础是什么。不会随便承诺的人，也不一定是胆小懦弱的人，他们的勇敢是"谨慎求证、大胆行动"，一旦承诺，必然是掷地有声，一诺千金。

在没有成为"影帝"以前，尼古拉斯·凯奇曾经出演过很多小成本的电影，这其中有一部名为"倾城佳话"的电影，这部电影虽然票房不高，但是口碑极好，片中讲述了善良的警察查理（尼古拉斯·凯奇饰演）在咖啡店喝咖啡，结账时发现没有零钱给小费，于是将彩票作为抵押，向服务员伊芳保证：如果中奖，就分一半奖金给她。

然而戏剧性的故事发生了，查理的彩票竟然中了400万美元的头奖。为了阻止查理履行诺言，他贪婪的老婆甚至闹上了法庭，最终导致两人离婚。伊芳深深感受到查理的人格魅力，渐渐地走进了他的生活——最终这段感人的故事经过媒体披露，成为倾城佳话。

这部电影其实是改编了一段真人真事，真实的彩票故事发生在1984年，地点在纽约布朗克斯区。男警官经常光顾一家比萨店，和里面的女店员混得很熟，3月的一天，男警官在店里一边吃饭一边研究彩票，心血来潮让女店员帮忙选号，于是二人嘀咕嘀咕各写了三个号码凑成一注，男警官笑说中奖分她一半当选号的小费。

很快，4月1日愚人节到了。那天早上9点，女店员还在家里休息，一个电话把她吵醒了。电话里，男警官告诉她那张彩票中了600万美元，他要跟她平分。可以想象，在这样一个特殊的日子里（愚人节），谁都不会相信这个"笑话"，这名女服务员也不例外。不过最终男警官还是说服了她，于是她尖叫着把还在睡梦中的丈夫捶醒，跟他一起分享这个天大的喜讯。幸好这不是男警官的愚人节玩笑。最终两个家庭非常和谐地平分了这600万美元的巨款。

在我们的生活中，有些时候会遇到朋友对自己说："你能帮我一个忙吗？"有的人一听，会立即答应："成，你说吧！"——这等于签了支票，却没有填上数字，可当到收银行月结单时，吓一大跳，才知道原来自己不胜负荷。因此，在许诺之前我们一定要周密考虑，不能满嘴放空炮、跑火车。要掂掂分量，自己能不能做得到。

你要明白，信任其实并没有我们想象中的那样牢固，更多时候信任就像一张纸，如果皱了，即使抚平，也恢复不了原样了。诚信之所以珍贵，是因为从根本上说，诚信是一种尊重，是对别人的尊重，更是对自己的尊重。

5. 那种不经大脑的"吐槽"，很是让人烦

在生活中，我们可以发现有很多人喜欢说话不经大脑，还沾沾自喜地认为自己的"吐槽"特别有道理，其实他们所谓的"槽点"在大多数人看来都特别地令人反感。他们事后又希望别人理解这是他们坦率的个性，但别人又有什么义务受了你的气还得陪着你笑呢？要知道，无论什么时候，那些管不住自己嘴巴的人，总是做出说话不过大脑的行为，他们在交往中都只会处处受限，甚至寸步难行。

早前张娜拉以歌手身份在韩国走红，随后凭借电视剧《刁蛮公主》在中国市场站稳脚跟，在剧中她扮演的顽皮的明朝公主相当讨喜。之后她还发行了中文专辑《一张》，甚至还开了个人演唱会。

然而事业如日中天之际，张娜拉却深陷"圈钱门"。她曾在韩

国一档综艺节目中高调地说："家里出资的新电影，没有钱拍时就去中国演出。"此言一出口立即惹来国内观众强烈不满，就连忠实的"粉丝"也频频指责张娜拉不厚道。

面对巨大的舆论压力，张娜拉的事业遇到前所未有的阻力，万般无奈之下做出了道歉，但大家根本不买账，久而久之她从中国国内荧屏消失转回韩国继续发展，但失去了中国市场的她并没有再次得到公司的着重宣传。

张娜拉原本在中国的发展很有前景，可就因为一句不经过大脑的"吐槽"，导致自己退出中国的舞台，回韩国后娱乐圈事业也从此一蹶不振，最终沦为三四线女星。现如今张娜拉已经彻底从中国荧屏消失，想必她会非常后悔当时自己的那句无心的"吐槽"。

一个说话讲究艺术的人，说出的话往往能让人心情愉快，他们的话语或充满了哲理，或带有幽默的气息，褒贬有度，张弛有节。会说话的人，无论到哪里都不会缺少朋友，无论他们到了哪里，他们在交谈的过程中，一定是主角。当一个人说话面面俱到的时候，别人怎么能挑出他的毛病？当一个人说话能够引起别人的共鸣的时候，怎么能不受到别人的欢迎？

要想有一个良好的人际关系，说话是必不可少的，散文家朱自清曾经说过："人生不外言动，除了动就只有言了，人情世故，有一半是在话里。"说话能力的高低体现着一个人的素质、涵养以及应变能力。然而，说话的时候千万不要口无遮拦，否则会在无意中得罪别人。古往今来，有不少人因为说话的方式不对而遭祸。

明朝开国皇帝朱元璋，出身低微，小时候非常穷苦，曾经给大户人家放牛，甚至为了填饱肚子还当过和尚。后来机缘巧合，再加上自己的才干，成为一代开国皇帝。

当他当了皇帝以后，他儿时的一位朋友得知了这个消息，决定来参拜朱元璋。朱元璋非常想念这个儿时共患难过的好伙伴，但是又怕这个伙伴目不识丁，在金銮宝殿上口不择言，闹出笑话。但是不见吧，又怕别人说自己不念旧情。最后思量再三，朱元璋决定还是见见他吧。

金銮殿上，朱元璋的那位朋友一看到朱元璋，忙跪拜大呼万岁，说道："吾皇万岁，当年臣随驾扫荡庐州府，打破罐州城，汤元帅在逃，拿住豆将军，红孩儿当关，多亏菜将军。"朱元璋听后，觉得他说的很有内涵，也知道他在表达一件他们童年的往事，心中感慨万千，当即重重赏了这个人。

朱元璋的另一位儿时的朋友得知这个消息之后，也去拜见朱元璋。他见到朱元璋以后，生怕朱元璋忘了自己一样，手舞足蹈地说道："我主万岁，您还记不记得，那时咱们几个一起给地主放牛，有一次我们偷了许多豆子，跑到芦苇荡里，用罐子煮着吃，谁想到还没煮熟呢，人家就追了过来。当时你就很着急，就要吃豆子，结果手忙脚乱地把罐子打破了，洒了一地的汤，你只顾着从地上抓豆子吃，不小心被红草叶卡住了喉咙，当时是我给出的注意，给你找了片青菜叶子吃下去，你才转危为安的。"

当时朝堂之上，文武百官在列，这让朱元璋很没面子，顿时火冒三丈，怒喝道："这是哪来的疯子，给我拖出去，斩了。"

同样是一起放牛的伙伴，然而一个被重重封赏，一个却被砍头，原因就是一个人说话的时候注意言辞，而另一个人说话的时候却口无遮拦，导致朱元璋颜面无存。

现实生活中也有很多这样的例子，说话含蓄的人，受到人们的欢迎，而说话口无遮拦、不管不顾的人，无论到了哪里都不太容易受到别人的欢迎。

总之，在与人交往的时候，说话切忌口无遮拦，一定要多为别人考虑，多站在对方的位置上想想。同时，也要注意说话的场合。话出口之前，考虑一下是不是该说这句话，是不是合适说这句话。只有多为别人考虑，你在以后的人生当中才会有更多的朋友。

6. 别人口出恶言，慢一点回应

有些时候，我们可能会面对一些人的恶意攻击、指责甚至诋毁，这样的情况并不少见，我们不一定需要太高的智慧来化解，也不一定就得装作无视那些我们讨厌的批评、谩骂和侮辱。我们知道一句话叫作越描越黑，这句话是有一定道理的，如果被攻击了，别人说了你一些坏话，我们不要急迫地解释，要让时间来证明一切。

在2016年巴西里约奥运会上，中国游泳名将孙杨在400米自由泳决赛中以微弱劣势输给澳大利亚选手霍顿，屈摘银牌。没想到，霍顿得到冠军之后，却讽刺孙杨，称孙杨是"服药的骗子"。霍顿在接受媒体采访时表示，孙杨是一名使用过兴奋剂的选手，而他拒绝与一切"涉药"的运动员交往。

看穿了霍顿的狭隘心理之后，孙杨也没有把他放在眼里，是不是兴奋剂选手也不是由他说了算的。孙杨回应媒体说："这是澳大利亚人的小伎俩。每一位能够来到奥运会的选手都应该受到尊重。"

随后的 200 米自由泳比赛孙杨夺冠，用实力回击了霍顿。而此前霍顿不负责任的言论，引起了中国网友的强烈抗议。

此后孙杨在接受采访时，一位记者问他有没有什么想对霍顿说的，孙杨回应道："我不是很知道霍顿是谁，我才是这个项目上的王者！"这个回应听起来霸气十足。

以恶制恶有时候并不是最好的选择，就像狗咬了你一口，你总不能也回身咬它一口。那样做，除了显得你和对方一样没有修养外，没有任何好处。

在一次足球比赛的现场，一个大学生的视线完全被前面一位年轻妇女的高顶帽子给挡住了，于是他对前面那妇女说："您的帽子挡住我的视线了，请您摘下帽子。"可是妇女连头也不回。

"喂！请您摘下帽子！"大学生气往上冲，大声地重复一遍，"为了这个位子，我花了 150 块钱，我可不想什么都看不到！"

"是吗？为了这顶帽子，我花了 300 块钱，我要让所有的人都看到它。"年轻的妇女懒洋洋地接嘴道，依旧一动也不动地坐着。

两个人为此你一嘴我一嘴地吵了起来，直到保安过来，他们才不服气地闭嘴。

当你碰到这种无理行为时该怎么办？许多人也许都会和那个大学生一样，大发一通怒火，大骂一顿，可到头来，对方还是振振有词，甚至可以污蔑你的无礼。你自己被气得手脚发颤，只会说："岂有此理，岂有此理。"那么，应该怎样去反击这种无理的行为呢？

首先，要稳住情绪，思索对策。

当你在遇到无理的行为时，一定要控制好自己的情绪，不要激动，心境一定要平和，这样对反击对方有非常明显的作用：一是要表现自己的涵养与气度，表现出"骤然临之而不惊，无故加之而不怒"的大丈夫气概。古语有云："匹夫见辱，拔剑而起，挺身而斗，此不足为勇也。"对方对此不但不会惧怕，反而会对你的失态感到得意。二是能够冷静地考虑对策，只有稳定好自己的情绪，才能从容地选出最佳对策，否则人都被弄糊涂了，就很可能做出莽撞之举来，更不要说什么最佳对策了。

其次，反击要一针见血。

对无理行为进行语言上的反击时，不能说了半天还不得要领，或者词软话绵。要做到打击点要准，一下子就击中要害；反击的力度一定要大，做到一反击，就能使对方哑口无言。

再次，旁敲侧击，绵里藏针。

对无理行为进行反击时，可以直来直去地说，不必避讳，但有时不宜锋芒毕露，露则太刚，刚则易折。有时，旁敲侧击，绵里藏针，反而更显力量，这使对方找不到你的破绽，无从辩驳，只得自己种的苦果往肚里吞，在心中暗暗叫苦。

有一天，苏格兰著名诗人彭斯在泰晤士河畔见到一个富翁不慎掉入水中，被人从河里救了起来。富翁给了那个冒着生命危险救他的人一块钱作为报酬。围观的路人都对富翁的吝啬行为感到很愤怒，纷纷嚷道要把富翁再投到河里去。彭斯上前阻止道："放了他吧，他自己很了解他生命的价值。"富翁闻言脸红了，连忙请那位救人者去自己家做客，并支付了大量酬金。

7. 说否定之前，先肯定

在现实生活中，大多数人对自己存在的问题往往觉察不到，需要旁观者去劝导说服。但"忠言逆耳"，生活中常见这样的情景，本来你是好意给对方提出忠告，对方却往往很不高兴。

公司早会上，一位上司批评自己的下属说："我说小董呀，你看看王强进步多快？你和他都是去年来的公司，你还比他早进公司半年。你要好好向他学习，尽快将自己的本职工作搞出个样子来。"

本来最近工作繁忙的小董心情就不是很好，听到领导这么一说心里更不是滋味，大声反驳道："我自从进入公司以来，一次带薪培训都没有享受到，我业务差？那也是你们不肯花心思培养我，你以为我业绩不好成心的是不是？我还就告诉你，我不干了，反正在这公司也没多大发展！"说罢，小董起身摔门而去，留下面面相觑的众人。

小董的自尊心受到伤害，上司原本好心忠告他，结果适得其反。

阿里巴巴公司创始人马云曾说："一个人在人生某阶段经历一次深刻的批评，对成长是大有裨益的。"批评是一面镜子，能帮人看到不足并及时改进。但含糊笼统的批评往往使人不知所谓，声色俱厉的指责又会激起反感和防御，只有批评没有建议则毫无建设性。所以，领导者需要好好修炼批评这门功课。

批评可采用"三明治"法，即先肯定，再批评，最后再肯定。

第一步：表达善意和肯定。先给予整体性的肯定，消除对方的防御心理。然后说明，要针对具体问题提出改进意见。

第二步：具体指出错误。用温和恳切的态度说明错误带来的负面影响和你的感受，并留出时间听对方解释。不要武断霸道地不允许分辩，这种"只看结果，不听解释"的做法无益于解决问题。批评不是为了打击或否定对方，而是要其心悦诚服地认识错误并改进。因此不要让对方满怀委屈地离开。

第三步：提醒对方你很器重他，保护其自尊心。但要请对方就改进做出具体承诺。

好好说话，说成熟的话，做聪明的事，是我们入世的准则。尤其是当你对别人提出批评的时候，一定要在否定之前，先对对方进行肯定的正面发声。

不少人都看过或听过《奇葩说》这个节目，在这档节目中主持人蔡康永的表现简直完美。因为不管辩论题目有多"没节操"，他都可以讲得很高尚；不管对方讲话多么粗鄙，他都能巧妙地拗回来，回归文艺和优雅。

蔡康永曾经在媒体面前说："所谓情商高，其实就是懂得好好说话。要怎么说话呢？例如我有个朋友最喜欢说'不'，不管别人说什么，他先说'不''不对''不是的'，但他接下来的话并不是推翻别人，只是补充而已。他只是习惯了说'不'，大家都讨厌他。谁喜欢被否定啊？"

蔡康永回忆说："我采访过一个学识渊博的教授，我发现他有个美好的小习惯，不管对方说了多么幼稚的话，他一定会很诚恳地说'对'，认真地指出你这个话可以成立的点，然后延展开去，讲他的看法。他这么牛的人，居然会肯定非常幼稚的你，那你一定受宠若惊。而他把你的意见上升到那么牛的高度，你发现自己和他都好厉害。从此我学会了这一点，先肯定对方，再讲自己的意见，沟通氛围会好很多。"

在生活中，当我们需要在某件事情上批评别人的时候，除了态度一定要谦和诚恳，用语不也能激烈，也不必过于委婉，否则对方就会觉得你教训他、你假惺惺而产生反感情绪。

还要选择适当的时机。例如，当部下尽了最大努力而事情最终没有办成时，此时最好不要向他们提出忠告。如果你这时不合时宜地说"如果不那样就不至这么糟了"之类的话，即使你指出了问题的要害且很在理，部下心里却会顿生"你只顾结果不管我的死活"的反感，效果当然就不会好了。

当然，在什么场合提出忠告也很重要。原则上讲，提出忠告时，最好是一对一，避开耳目，千万不要当着他人的面向对方提出忠告。因为这样做，对方就会受自尊心驱使而产生抵触情绪。

说话高手懂得，再多的肯定也不能掩盖批评的事实，所以，在针对不同的人进行批评的时候，就不能不考虑性格与修养及对问题的看法等方面的问题。因为不同的人，对于一样的批评，也会有不同的心理反应。

我们要针对不同特点的人采用不同的批评方式，对自觉性较强者，应采用启发的方法，让他们开展自我批评；对于思想比较敏感的人，要采用暗喻批评法；对于性格耿直的人，应采取直接批评法；对问题严重、影响较大的人，应采取公开批评法；对思想麻痹的人，应采取警示批评法。在进行批评时切忌一视同仁，方法单一，死搬硬套，应灵活掌握批评的方法。

8. 遇事要冷静，适时沉默有力量

古希腊曾经有这样一句话："聪明的人，借助经验说话；而更聪明的人，根据经验不说话。"在这个个性张扬的时代，很多人都提倡有话就要说出来。心理学家也常常认为我们应该把自己的事情讲出来，告诉别人，这对于某些需要倾诉的人来说，是正确的。但是在人与人之间的交往中，人们逐渐发现在与别人说话的时候我们常常更需要忍耐和沉默。

某知名记者曾发表了一篇关于电视记者这一职业的博文，有人认为这篇博文是针对柴静的。柴静对此没有做出任何的回应。后来写这篇博文的记者站出来澄清，说自己针对的只是这个职业，并没有针对任何一个人。不管外界的争论如何热烈，柴静在这件事情上始终保持着沉默。柴静的这一做法是明智的，因为只要她做出任何回应，必然会引发更加激烈的争论。对于流言，她能做的就是让时间去验证真相。

柴静在她的采访中，深谙"体察"更能反映事件的真实一面的道理。她认识到，"体察"是对真相的进一步剖析，是真正将真相中那些盘根交错的细节彻底思考清楚的一种方式。

从央视《看见》栏目中，我们看到柴静对"感受"的重视多于"道理"，"体察"世间的矛盾也多于"揭示"。在录制整个华南虎事件时，柴静曾经问同事自己的问话是否太过于刻薄，随后又说道："但凡有点错儿，我都左思右想，鼓足勇气跪谏。"从这些话中，我们可以看出柴静已经开始用"心"去观察新闻，而不再单单是用自己心中那种咄咄逼人的问题去旁敲侧击。

有句话叫"沉默是金"，寓意是与其会说，不如会听。一个冷静倾听的人，不但到处受人欢迎，而且还会在这种倾听中去逐渐知道更多的真相；而一个为了发掘问题而争论不休的人，往往就像一只漏水的船，每个乘客都会纷纷逃离。

沉默与精心选择的话语具有同样的表现力，就好像音乐中音符与休止符一样重要。沉默会产生更完美的和谐，更强烈的效果。

我们知道，正确的交流由两个方面构成：既被人关注，又关注别人。安静、专心的倾听会产生强大的魔力，使谈话者更加心平气和、呼吸舒畅，连面部和肩部都放松下来。反过来，谈话者会对听众表现得更加温和。倾听是一项技巧，是一种修养，更是一门学问。但是倾听也包含着另一层的含意，就是适时沉默。而且越来越多的人发现，你的沉默常常为你换来特殊的惊喜。

《谈话的艺术》的作者、心理学教授格瑞德·古德罗曾说："沉默可以调节说话和听讲的节奏。沉默在谈话中的作用就相当于零在数学中的作用。尽管是'零'，却很关键。没有沉默，一切交流都无法进行。"

日本金牌保险推销大师原一平曾试图向一位出租车司机推销保险，司机却认定原一平绝对没有可能说服他买下一份保险。当时，他决定去见原一平的原因是原一平家里有一台放映机，它可以放彩色有声影片，而这是那位司机没有见过的。

原一平给司机放了一部介绍保险的影片，影片在结尾处提了一个结束性的问题："它将为你及你的家人带来些什么呢？"放完影片，原一平和司机都静悄悄地坐在原处。三分钟后，那位司机经过心中的一番激烈交战，主动问原一平："现在还能参加这种保险吗？"最后，他签了一份高额的保险契约。

这就是沉默的魅力，沉默有时比夸夸其谈更有效。在我们的生活中经常会遇到喜欢多说话的人，他们总是爱显示自己怎么样怎么样，好像他们博古通今似的，自以为这样别人就会很佩服他们。然而事实上，只要有点社会阅历的人，都会不以为然。说话真正受人欢迎的人，往往会根据自己的经验，知道自己要是多说，必然会说得多错得也多，所以不到需要时，总是少说或者不说。

"有道德者，绝不泛言；有信义者，必不多言；有才谋者，不必多言。"我们说话也要适量，没有把握的事不要乱开口，尤其是与比我们有经验或更了解情况的人相处时。因为我们多说了，便是不打自招，暴露了自己的弱点，并失去了一个获得智慧和经验的机会。

第二章
好好说话，就是对别人的话感兴趣

1. 好好说话就是把别人放在心上

主持人蔡康永曾说：“我不在乎说话之术，而在意说话之道。我的说话之道，就是把你放在心上。”如果你在言语中透露出对他人的关心，让对方感觉到你是因为关心他，把他放在心上的，那么对方就会很容易接受你说的话，并愿意继续跟你交谈下去。

柴静说：“对我个人来说，怎么打开人的心扉，这没有定律，也没有规则。如果抱着一个非达到目的不可的心理与人交流，会成为一种障碍。”

柴静曾去采访一位因被性侵犯而杀人的女孩。法官对女孩说：“记者要采访你，要不要说出你的故事帮助社会上更多的人？”女孩认为自己没有这样的义务和责任，因此她明确表示自己不愿意接受采访。

柴静见到女孩后，跟她说：“我来不是对你做判断的，我不是法官，你也没有一定要回答的义务。任何你不想回答的问题可以选择不回答，我都充分理解和尊重。”柴静的话让女孩感到很意外。

接着，柴静又对女孩说：“知道你睡不好，做噩梦，也没跟亲人谈过这些事，我比你大几岁，如果你愿意说的话，我愿意听一听。”关切、暖心的话语让女孩感到自己受到了尊重，原本满怀戒备的她终于愿意向柴静吐露自己的心声。

要想说出暖人心的话，让别人愿意主动打开心扉，首先我们自己要付出真情，让自己的语言具有真情实感。对方是女性时，如果你说"你的发型很美"，这只不过是一句单纯的赞美词；若是说"稍微剪短点，看起来会更可爱"，对方定能感受到你对自己的关心。若是能不断地表示出此种关心，对方对你必然更加亲切信任。

有人曾经说过："只有众多音符，才能奏出美妙、雄壮的交响乐，一个音符，即便有独到的艺术，奏出的音乐总是乏味单调的。"同样的，在谈话过程中，如果一个人总喜欢演绎一个人的协奏曲，老是"我"怎么样，"我"认为如何，这样一来，就会让谈话变得单调无趣。

在谈话的过程中，如果我们始终不能避开谈及自己，那么可以尝试用"我们"来代替。只有随时把对方放在心上，多照顾他人的心理，尽量少说"我"而多说"你"或者"我们"，才会让对方明白自己也是参与其中的。而且不知不觉中，这种谈话方式还拉近了彼此之间的距离。

我们在说话的时候，就好像驾驶汽车，应随时注意交通标志，也就是要随时注意听者的态度与反应。如果红灯已经亮了仍然向前开，闯祸就是必然的事情了。而避免这种尴尬情况的唯一方法，就是少谈自己，多谈对方，要懂得掌握语言的"交通规则"。

会说话的人在与别人交谈的时候，总是会竭力忘记自己，不总谈自己个人的事情，而是多谈对方的事情。事实上，当你以充满同情和热诚的心去听对方叙述时，你一定会给对方以最佳的印象，他也会有跟你进一步亲近的愿望。就像很多时候，多说"你"，跟说"我"的感觉绝对不同，因为人的心理本就非常微妙，对于这种感知，往往比较敏感，任何一个人都不会喜欢他人的无视，而且也没有人会去和一个不尊重自己的人将话题延续下去。

亨利·福特二世曾在描述令人厌烦的行为时说过"一个满嘴'我'的人，一个独占'我'字、随时随地说'我'的人，是一个不受欢迎的人。"在人际交往中，经常用"我"字的人会给人突出自我、标榜自我的印象，在对方听来好像自己不存在，而且也搭不上话，这会在对方与你之间筑起一道防线，形成障碍，影响别人对你的认同。

其实，同样的，如若我们在听人说话时，对方常用"我""我认为"时，我们常常会觉得对方有些"专制"得讨厌，而且这种说话也远远不如"大家""你"的说法好，起码从对方讲话开头的称呼中，我们可以看出对方对我们的尊重以及将我们所放置的位置。

为此，要做一个会说话的人，那么我们就应该用真诚去对待对方，时刻记住把对方放在心上，少说"我"多说"你"，并且常常用"我们"来做开头，把对方包括进去，这样做，你就一定能够成为一个大家都喜欢的谈话对象。

2. 说话的目的是打动别人

说服，就是运用语言技巧给对方讲道理，使之接受，使对方的态度、行为朝特定方向改变的一种影响对方心理意图的沟通。

在现今社会中，我们需要说服对方帮助自己，或者我们和其他人的意见相左时，为了更好地完成工作或是想要得到别人的认同，我们就需要去说服对方，以期达到自己想要的结果。

薛文星在公司工作了两年多了，除了刚工作的头半年涨了一点工资之外，他的工资再没有什么变动。薛文星自认平时工作认真踏实，自进入公司以后为公司做出了不少贡献，又想到平时同事们议论老板的"吝啬"，决心采用更有说服性的话语，向老板请求加薪。

薛文星挑了一个合适的时间段，来到老板的办公室。打过招呼以后，薛文星提出了希望加薪的要求，并说明了理由："我进入公司已经两年多了，虽然不是老员工，但我对公司的感情很深，您的知遇之恩我也一直放在心里。我觉得我对待工作认真负责，从来没出过大的差错，在某些方面为公司的发展也出过微薄的一份力。我和女友的年龄都大了，最近家里也催着结婚，男人要养家，可是现在的经济条件确实不宽裕，所以希望您能给我增加工资。我知道公司的资金也很紧张，但是增加工资之后，我没了这些后顾之忧，更能全心全意为公司带来更大的收益。"

这番话于情于理都十分打动人，一向"吝啬"的老板痛快地给薛文星加了工资。

薛文星先是表达了自己对于老板的知遇之恩的感激，用真情打动老板，再话锋一转，点明了自己对于公司的贡献，让老板认同他的工作态度和工作价值，让老板觉得为他加薪是理所当然的。

薛文星又联系到自身，用准备结婚，希望能增加收入这样一个男人皆会理解的理由再次打动老板，让老板产生同理心。最后表明加薪对自己的影响能够给公司带来好处，表明自己会更加努力地工作，为公司创造收益，这是老板最希望看到的事情。这样的一番话并不长，却入情入理，只要薛文星没有在老板的心里留下什么坏印象，就算老板是"铁公鸡"，也会愿意给薛文星加薪的。

哲学家亚里士多德曾说过："说服是通过演讲使听众动感情而产生效果的，因为我们是在痛苦和欢迎、爱和恨的波动中做出不同的决定的。"理好比是冷硬而坚固的石块，而情则如水，说话的时候不妨"软硬兼施"，让人更容易被你说服。

有一家公司要租用一家酒店的大礼堂开一个经销商会议。快要开会了，对方却通知他们要付比原来高两倍的租金。没办法，负责整个会议的公司主任只好亲自去找酒店主管交涉。

他对酒店主管说："我接到您的通知时，有些惊讶。不过这不怪您，您是这家酒店的主管，站在您的立场上，让酒店尽可能多盈利是您的责任。假如我是您，也许也会做出同样的决定。不过如果您坚持增加租金，那么让我们来打打算盘，看看对您有没有利。

"我们先来看有利的一面，大礼堂如果不出租给开会者，而出租作为举办舞会或者晚会的场地，那您或许能够得到很可观的收入。因为举行这一类活动所需的时间并不长，却能一次收入很高的租金，相对来说，这比我们给您的租金当然要多不少。租给我们，看上去酒店是吃亏的。"

他继续说道："现在，再考虑一下不利的一面。您增加我们的租金，而我们付不起您所要的价格，实际上等于您在撵走我们。我们如果因为这个，再找别的地方举办会议，您反而空着礼堂，一分钱没有赚到。"酒店主管听到这里，低下头开始思考。

主任趁着这个空当，补充说道："我还要告诉您一件事：我们这个会议邀请了全国各地的人参加，他们都是有头有脸的人物。这些人到酒店来开会，可是不花钱的活广告啊！我们的会议邀请到这些人来到您的酒店，这可是一桩合算的买卖，请您再好好考虑一下。"

最后，酒店主管向那位主任做了让步。

干巴巴的话语和没有头绪的理由都是说服对方的大敌，只有说得合情合理才能有效地打动对方。用自然的情感打动对方，并理性全面地阐述自己的道理，分析双方的利弊得失，说话真诚，语气亲切随和，这是成功地打动并说服对方的真谛之所在。

合情合理的说服是一种软硬兼施，不会一味地求情告饶，也不是一味地强硬劝说，而是通过感情把双方置于同一个位置，又用有理有据的条件让对方接受。只有动之以情并晓之以理，把话说得既入情又入理，让人于情于理都无法拒绝你，甚至乐于帮助你，你才是说话的高手。

3. 清空成见，认真倾听

倾听是一种礼貌，是一种尊敬讲话者的表现，更是对讲话者最好的恭维。倾听能使对方喜欢你、信赖你。每个人都希望获得别人的尊重，受到别人的重视。当我们放下个人成见、偏见与情绪，专心致志地听，全神贯注地听时，对方一定有一种被尊重和被重视的感觉，双方之间的距离必然会拉近。

在美国，有一家电话公司曾经碰到一个凶狠的客户，这位客户对电话公司的工作人员破口大骂，还威胁要拆毁电话。他认为某种电信费用是不公平的，所以一直拒付。他还写信给报社，向消费者协会提出申诉，并到处说一些诋毁电话公司的话。

对于电话公司来说，这真是一件很大的麻烦事，这个电话公司决定派一位调解员去会见这位不容易说服的客户。

这位调解员在见到这个客户时并没有像公司里其他人一样，指责客户的赖账行为，而是什么都没说，只是静静地听着那位暴躁的客户大声地"申诉"，并适时地对其表示同情，让他尽量把不满发泄出来。客户的牢骚持续了三个小时之久，然而那位调解员仍然耐心地听着。此后，这位调解员还两次上门继续倾听客户的不满和抱怨。

当调解员再次上门去倾听他的牢骚时，那位客户已经息怒并把这位调解员当成了最好的朋友看待，并且慷慨地因为朋友的认真倾听，而付了账单。

情商高的人应该是深沉含蓄的，包括说"不"的时候。他们往往能够在对方接受的范围之内，不伤他人心，耐心倾听请托者所提出的要求。即使在他诉说的半途中自己已经知道该不该拒绝，应该怎么拒绝，但是不管怎样他们都能尊重对方所提出的要求，并耐心听完然后委婉地说"不"。

学会倾听，往往是突破交往障碍的一个有效行动。当你走出自己的小天地，试着站在别人的立场上，做一个好的听众，你就能够成为一个广受欢迎的交际高手，为自己赢得众多的朋友。

在小说《陌生人在爱中》中，有这样一个故事：迪特毛料公司在清理债务时，发现有一个顾客拖欠了15美金的货款，于是就通知他尽早还款。但是这位顾客经过一番寻找之后，并没有发现这笔货款的账单，他觉得是毛料公司的问题，于是便怒气冲冲地专程跑到该公司经理办公室，声明他绝对不欠该公司的钱，还声明今后绝对不再买该公司的东西了。

公司经理迪特先生热情地接待了他，然后又耐心地听他将所有的事情，从头到尾、一字不落地讲述了一遍，中间没有插嘴做任何反驳，反而还对他专程来芝加哥为公司提意见表示深切的感谢，并承认错误可能出在公司方面。他的态度让那位顾客感到有点不好意思。然后，他又热心地向该顾客推荐了许多其他毛料公司的产品，悉心为他充当参谋，最后还请他一同进餐。

迪特先生的这一系列行为打消了顾客的怒气，他当即丢开了有关 15 美金账单的纠纷，又与该公司签了一大笔订单。该顾客回去后又仔细地检查了自己的账单，终于发现有一份账单放错了位置，他立刻补了一张 15 美金的支票，还写了一段道歉的话。

综观整个故事，迪特先生做的最重要的一件事，就是做了一个合格的倾听者，即使顾客发誓不买他们的货物时，他仍尊重、附和顾客的意愿，不仅没有生出半点成见，而且还以真挚和诚恳改变了顾客的态度和行为，由此可见倾听比说服更有威力。

在生活中，任何一个朋友跟我们发牢骚，无论开始脾气有多大，只要我们耐心地听，鼓励他把心里的不满都发泄出来，那么，他的脾气会越来越小，像个被扎了一个洞的皮球那样，慢慢地放气了。人只有恢复了理智，才能正确地着手处理面前的问题。因情绪激动而失礼的朋友冷静下来以后，必然会感到后悔，这比我们迎头批评他们要有效得多。

19 世纪英国著名诗人威廉·莫里斯曾说过："要做一个善于辞令的人，只有一种办法，就是学会听人家说话。"倾听的耳朵是虔诚的，倾听的心灵是敏感的。有了倾听的耳朵和愿意倾听的心，你才会拥有忠实的朋友。现代交际，与其会说，不如会听。不注意研究听的学问，必会造成人际交往中的大错。要想走进对方的内心，拉近彼此的距离，就要从倾听开始。

4. 是主角也可以少说

在生活中，我们经常可以看到有些人为了在别人面前卖弄自己所谓的知识底蕴，便找一切有人的地方与人"死说烂道"，极尽所能地"卖话"，自以为口若悬河，头头是道，简直精彩得不得了，赢得了他人的重视。事实上，人们最讨厌的就是废话连篇的人。主持人崔永元认为，主角的话也可以少说，作为主持人，引导别人说更多的话才是最重要的。正如作家林语堂先生所说："绅士的演讲，应当像女士的裙子，越短越好。"

有记者认为崔永元在《小崔说立波秀》节目里的分量比周立波少很多，并问崔永元怎样看待这件事。

崔永元回答说："像我们做主持人的，我觉得一个好主持人的境界应该是，人家见了你就愿意说话，而不是在乎你说多少话。我和立波不会在乎话多话少，这不是拍电视，从我们一开始录制到现在播出，我们讨论的主要问题第一是这东西好不好玩？第二是好玩就这么重要吗？第三是除了好玩我们还能给大家提供什么？这可能是我们主要的讨论目的。"

接着，他又说："当时做节目的想法是立波提出来的。他说，哥哥，咱俩能不能准备一个不需要准备，上去就说的节目。我说这个很好啊，很有挑战性，我们的节目就是用这种方式录的，我们准备一个话题，然后再去谈。"

一个人说话说多了究竟是好是坏？有人拿这个问题请教一位哲学家。哲学家回答说："青蛙、蛤蟆整天日夜不停地叫，叫得口干舌燥也没人注意到它的存在，可是公鸡每天按时啼叫，一啼叫人们就知道是天亮了。可见话说多了并没有好处，只要说得是时候就行了。"哲学家通过青蛙、蛤蟆与公鸡的比较，提醒世人：话说多了未必就有好处，甚至还可能有许多坏处。

我们平常与人相处，对话是难免的，但若一说话就习惯性地以自己为中心，滔滔不绝，就会留给他人一种"话虽多，修养少"的感觉。况且话说得多了，难免会出现出言不够慎重，在无意间得罪了别人的情况，弄不好就要惹出一些事端，麻烦连连。

布什在美国总统大选的全国性巡回演讲的时候，就曾犯过话多说错话的老毛病。

2004 年 8 月 5 日，在签署国防拨款法案后布什就反恐问题发表了演讲，他在强调政府的反恐决心时，情绪就激动起来。他说："我们的敌人变换手法，随机应变，我们也一样。"他接着说："他们从不停止考虑危害我们国家和人民的新途径，我们也一样。"

很快，布什意识到自己又没管好嘴，于是连忙不动声色地改口道："我们会永不停息地思考最好的对策，尽力去保卫我们的国家和人民。我们必须永远想在敌人的前面！"布什爱说话，他的话比美国历届总统都多，与此相应口误也是最多的。

凡招惹是非者十有八九与嘴有关。中国成语中对嘴最经典的解读莫过于"唇枪舌剑"，可以想见，最能要人命或保己命的"枪"与"剑"都被嘴占走了风光，这个世界上还有什么能比嘴更厉害？

有些人平常不太开口，可是一说起话来，条理分明，耐人寻味，让人打心底佩服其见地——这样的人才真正无愧于"会说话者"的美名。我们经常说一个人口才好，其实并不是指他在别人面前会如何侃侃而谈，或同样一件事经他的嘴一说就能天花乱坠，而是说他说的每一句话都能说到他人心里，都能起到真正的作用。

言简意赅的言语，在最关键的时刻，往往给人爽快的感觉，也更具有感染力，会给人留下非常深的印象，自然也会很受欢迎。以下提供了几种可以使言语尽量避免啰唆，力求言简意赅的方法。

第一，好好培养自身对问题的分析能力，懂得透过表象看内在，再从中总结出关键性的话，使言语短小精炼且有力度。

第二，法国作家福楼拜曾告诫人们："任何事物都只有一个名词来称呼，只有一个动词标志它的动作，只有一个形容词来形容它。如果讲话者词汇贫乏，说话时即使搜肠刮肚，也绝不会有精彩的谈吐。"所以，掌握一定的词汇量很有必要，这就需要平时多读书、多搜集了。

第三，如果你清楚自己接下来的话会很复杂，那在开口说话之前就把自己的话做一下删减，尽量去其糟粕留其精华。

会说话的人，不一定是说话最多的人，话贵在精，多说无益。如果只是不着重点地废话连篇，可能根本抵不上一句有根有据的话所能发挥出的作用。俗语"豆腐多了都是水，话多了都是唾沫"说的就是这个道理。

5. 投其所好，找到对方的兴趣点

人人都有自己感兴趣的东西，有的人爱好汽车、香烟、旅行，有的人乐衷于谈论时装、书画、美食，有的人热心于自己的工作，有的人则更关注自己的家人。每个人的兴趣点都不同，所以在人际交往的过程中，如果想和别人聊得投机，取得别人的信任，关键的一点是你需要学会和对方聊起对方感兴趣的话题。

就算是一个不善言辞的人，对于一个自己喜欢的话题，也能侃侃而谈，而且充满了激情。比如，你跟一个爱好旅行的人谈起各地的美景，他的反应肯定是滔滔不绝、兴高采烈，相反，你跟一个热爱汽车的人谈古董收藏，他将会反应平淡。谈论别人关心的事是一种博取对方的好感和维系这种好感的最有效的方法。当你试图与一个人建立良好的关系的时候，最好是找一些他感兴趣的话题来说。

有一家酒店用品公司的业务经理，为了得到一家大旅社的生意，曾在两年的时间里不断地去拜访那家旅社的总经理，但总是引不起那位经理的兴趣。

后来她打听到那位经理是个基督教信徒，于是在某一次拜访中，说话的时候她故意引用了《圣经》里的句子。对方问她："你信基督吗？"她说："我对《圣经》非常感兴趣，但是没有受洗。"这立刻引起这位经理的极大兴趣，于是他们就围绕《圣经》谈了起来，两人眉飞色舞地足足谈了半个钟头。临别时，这位经理还有些依依不舍，竭力向她推介基督教的各种好处。

这次谈话以后，这位业务经理立刻交了好运，因为没过几天，那家大旅社就来了电话，要用他们公司的产品。

常言道："酒逢知己千杯少，话不投机半句多。"遇到一个和自己有共同话题的人，往往能够很快接受对方，而遇到一个和自己没有共同话题的人，往往半句话也不想与他说。说对方关心和感兴趣的事就是要激起对方谈话的欲望。

一个人懂得说对方关心和感兴趣的事，往往能和所有人建立良好的关系。美国总统罗斯福就是这样一个人，哥马利尔·布雷佛写道："无论对方是一名牛仔还是一位骑兵，是纽约政客或外交官，罗斯福都知道该对他说什么话。"

需要注意的是，"投其所好"技巧运用的关键在于：首先了解"其所好"，然后才能有的"投"矢，否则会弄巧成拙。说对方关心和感兴趣的事并不是那么容易就可以做到的，我们必须花时间去了解这个人，只有真正了解了这个人，我们才能把握到其感兴趣的事情。

宋彦霖想要聘请一位著名的园林设计师为自己公司的设计顾问。但这位设计师已退休在家多年，且此人性情清高孤傲，一般人很难请得动他。为了博得老设计师的欢心，宋彦霖事先做了一番调查，他了解到老设计师平时喜欢作画，便花了几天时间读了几本国画方面的书籍。

他来到老设计师家中，刚开始，老设计师对他的态度自然很冷淡，宋彦霖就装作不经意地发现老设计师的画案上放着一张刚画完的国画，便边欣赏边赞叹道："老先生的这幅丹青，景象新奇，意境深远，颇有清代山水名家石涛的风格，真是好画啊！"一番话使老先生的心里产生了愉悦感和自豪感。接着，宋彦霖又说："老先生的丹青笔力相当老道，您研习书画，一定下了不少功夫吧？"这样，宋彦霖进一步激发了老设计师的谈话兴趣。

老设计师和蔼地问宋彦霖："怎么，你也懂画？年轻人，很难得啊！"他的态度转变了，话也多了起来，随着交谈的深入，两人的心理距离也越来越近。接着，宋彦霖环环相扣，将所谈话题一步一步引到了他的目的所在，终于，老设计师被宋彦霖说动了，答应担任他们公司的设计顾问。

总而言之，当你去了解一个人的爱好与兴趣时，你就能很快弄明白他喜欢什么方面的东西——而如果你在这方面的知识非常渊博，自然可以与对方相谈甚欢。记住，当我们对别人感兴趣的时候，就是别人对我们感兴趣的时候。

无论你是希望引起异性的好感，还是想要吸引一个陌生人的注意，抑或是想要赢得客户的兴趣，在谈话的时候，一定要首先让他对你的话题感兴趣，而让他感兴趣的话题当然是他的兴趣所在！

6. 学富五车，不如关心别人的感受

关心别人的感受就是要尊重别人，这包括尊重别人的兴趣和爱好、劳动和创造、人格和感情等。我们都知道，当我们关心别人时，只要这份关心是出于善意的，一般人往往都不会拒绝。尤其是能满足自尊心的关怀，往往能引起对方的好感。

李平从事施工安全、文明施工管理工作已有 20 年，由于工作需要经常进出工地，与农民工接触得越多，越被他们身上的朴实、勤奋、吃苦耐劳的精神感动。因为有摄影的爱好，他决定用手中的相机记录下身边的一幕幕，希望用真实、生动的影像唤起社会给予农民工更多的理解、支持与帮助，倡导社会崇尚劳动、尊重劳动者。

几年前，李平在工作之余，开始了自己的创作。最初，农民工看到有人拍自己很紧张，有的把脸扭过去，也有人问是不是记者，拍他们的照片做什么。李平总是笑笑回答："我是你们的兄弟，要让你们的形象如明星一样在展览上露面，在报刊上发表，让人们尊重你们。"此后，李平尽量在远处拍摄，让农民工们保持自然状态，记录他们的喜怒哀乐。

两年多的时间里，李平拍摄了几万张照片，相机的储存卡也存满了好几个。在单位的支持下，他从所有的作品中选出了 150 张，再通过摄影家协会从中挑出 70 张，举办了一次展览。

作品展出后，市民和农民工们都很受鼓舞，观众被农民工朴实而坚韧的精神感动，认为这些劳动者是最美的人。看着画面中真实的人物、生动的表情，一名农民工说："作品很感人，能有人关心我们农民工，反映真实的我们，我谢谢他们。"

李平对农民工兄弟们说的"体己话"，就是通过将心比心，设身处地地体验他们的心理，并针对这种心理而说出的关怀的话，这样的小细节，更会让人觉得他是在真正地关心着别人。

生活中有很多人为了表明自己"能言善辩"，而当着众人的面将对方奚落得体无完肤，丝毫不考虑对方的感受，结果使对方产生怨恨。其实，凡事只要多考虑几分钟，讲几句关心他人的话，为他人设身处地想一下，就可以避免许多不愉快。

有这样一句话："你希望别人怎样对待你，你就应该怎样对待别人。"真正有远见的人会在与人交往中为自己积累"人缘"，同时也会给对方留有相当大的回旋余地。给别人留面子，其实就是给自己挣面子。言谈交往中少用一些负面感情色彩强烈的语言，而适当多用一些"也许""试试看"这些感情色彩不那么强烈的中性词，对方的感受就会不一般。

我们在言谈中多考虑一下别人的感受，既是对对方的一种关怀，也是为自己少树立敌人、拥有良好的人缘的一个有效方法。因此我们在日常生活的言语中，一定要注意对他人言语上的关怀。

7. 让对方参与到谈话中来

有人认为在交往中话不能少说，甚至有人口若悬河，滔滔不绝，他们以为与人交谈时，自己一个人说得天花乱坠就是表示自己的口才好，实不知一个人的"演讲"根本不是交谈的目的，而且容易得罪人。只有也给对方留下说话的空间，才是最明智之举。

每一个人都有着他自己的表达欲望，就像几个人聚在一起讲故事，如果其他几个人都滔滔不绝地讲了好几个，那你在这时多半也会想要讲述一个来吸引别人的注意力，成为谈话的中心人物。而且很多时候，这种状态和所讲的故事都是被其他人激发出来的。但是如果这时其中有一个人一直不住嘴地说说说，或者你一张嘴就被抢去了话头，那么，你的心里一定会觉得不好受，自然也就对接下来的交谈失去了兴趣。

崔永元在主持《实话实说》时，很善于适时与现场的观众沟通，营造良好的讨论环境。在一期名为"不文明的背后"的节目中有这样一个片段：

有一位女观众说："有些受过高等教育的文明人素质可能不如文化低的农民。"

崔永元说："今天来了几位农民工朋友，听听他们的意见。"说着就向几位农民工走过去。

有位杨姓嘉宾说："我在想，今天我们为什么讨论这个话题？是因为物质发展了，社会进步了，我们有条件来谈了。"

崔永元接过他的话说："您是说现在进步了，人们把文明放在心上了，刚才您说的时候两位老先生在交谈，听听他们说些什么。"边说边走到老人身旁，把话筒伸了过去。

老年观众说："哪一方面抓不到也不行"。

"嗯，文明建设是个系统工程。"崔永元评论说，然后又请另一位李姓嘉宾回答。

李姓嘉宾说："现在大家也注重教育，但重点在数理化上，从小文明习惯差。"

崔永元就说："李先生说应有文明行为规范。讲大道理不如有人具体示范，听一些具体的例子，也许其中有解决的办法。"然后，他又转向观众征询发言。

在谈话的过程中，如果你只顾着说自己的，就很难与对方产生共鸣，甚至会引起对方的厌烦。成功的交谈应该是你一言、我一句，大家畅所欲言，都有发表言论的机会。所以，在谈话时最忌讳的就是唱独角戏，要注意让对方参与进来，表达自己的意见。当谈话气氛不好的时候，试着找到能引起大家共鸣的话题。当大家有了共鸣，才会轻松地参与到交谈中来，各抒己见，仁者见仁，智者见智，这样的交谈气氛才能让大家真正交流起来。

8. 让人觉得那是他自己的主意

在工作中，总有些人遇到问题、接到任务时，想到如何解决的方法，不是先向领导汇报、请示，带着耳朵听领导的意见，而是让老板直接听取自己的决定，甚至"先斩后奏"。

"这个设备有点问题，国产零件比进口零件花费少，我已经通知招标采购部去买了。"

"办公室打过好多次电话了，让我们把某某方面的报表尽快报上去，我已经将报表做好了，下午就交给办公室人员。"

"某某报社要登我们的一篇宣传报道，我认为这方面得好好宣传一下。"

上面这些话，是不是你也经常说？或者经常听到？在职场中，冒冒失失地对领导说出"我觉得这种处理方法比较好""我决定采用这个方案"或者"我早想好了，这个地方做一下改动就完美了"这种带有"决策性"的话语，无疑将领导放在了一个被轻视的位置上，对你自己的职业生涯是非常不利的。

每个领导都会反感下属自作主张，你无意中的一次私自定夺，可能给你带来的就是冷遇与不信任，影响了自己的前途。

林白年轻富有活力，做事认真而灵活，进入公司不到两年，就成为公司里的骨干。一天，公司经理把林白叫了过去："最近我要带你们几个去外地出差，你虽然是新人，但是做事让人放心，你就帮我安排一下吧！"

受到上司的重用，林白非常受鼓舞，他考虑到一行好几个人，坐长途车不方便，人也受累，会影响谈判效果；打车一辆坐不下，两辆费用又太高；还是包一辆车好，经济又实惠。

林白在拿定了主意之后，却没有急于去实行，而是先去了一趟经理办公室，把他的决定汇报给经理，因为他觉得这是必要的。林白对经理说："经理，您看，我们明天要出差，这是我做的工作计划。"林白把几种方案的利弊分析了一番，接着说："我决定包一辆车去！"汇报完毕，林白暗自得意地等着赞赏。

但是经理却板着脸生硬地说："是吗？可是我认为这个方案不太好，你们还是买票坐长途车去吧！"林白愣住了，他没想到，经理竟然不同意这样一个合情合理的建议。事后林白非常不解："没理由呀，只要有点脑子的人都能看出来我的方案多么正确。"

其实，林白的问题就出在"我决定包一辆车"这样自作主张的话上。在领导面前，说"我决定如何"是最犯忌讳的。如果林白能这样说："经理，现在我们有三个选择，各有利弊。但我做不了主，您经验丰富，您做个决定吧。"领导听到这样的话，绝对会顺流而下，说出事实上最好且你心中也认为最好的决定。

在处理工作的时候，要学会引导领导说出你的决定。有一个非常有用的办法就是让领导做选择题，每次和领导谈话前，你可以事先想好问题的几个处理方法，每个处理方案的利弊要有详细的分析，然后让领导做选择。

当然，你自然是有倾向性的，一件事情如果有三种不同的处理方法，其中一个方法可能明显比另外的两个方法好，这使领导更容易通过比较而接受最佳的方案，这也正合你自己的想法，同时还能满足领导的心理。毕竟领导是决策人，下属要在做好工作的同时，还要巧妙地让领导做最后的拍板人。

所以，上述的那些问题，你按照下面的方式回答效果会更好：

"这个设备有点问题，我们检查发现一个进口零件损坏了。我考察发现，进口零件要300多元，国内也有同类产品，价格一般在100元到150元之间，经了解完全可以替代。您看，是让招标采购部门买国内的零件还是进口的？"

"办公室打电话要的报表，我已经根据我们的情况进行了总结和分析，这是汇总的内容，还有详细的说明附在后面，您看还有什么要修改的吗？"

"某某报社要登我们的一篇宣传报道，结合近阶段的几个宣传重点，我分别从以下几个方面列了提纲，这个方面比较经典，但可能缺乏创新，这个方面比较有新意，市场推广也比较容易，您看哪个更合适？"

在职场中，你必须时刻牢记一条：领导永远是决策者和命令的下达者，无论你有多大的把握相信自己的判断力，无论你代替领导决定的事情有多细微，都不能忽略"领导同意"这一关键步骤。否则，当领导意识到下属"越俎代庖"，他会对你产生心理上的排斥感和厌恶感，对你的认同也会顷刻间烟消云散。

9. 没人喜欢被粗暴地命令

在生活中，人与人交往最大的一个原则便是尊重，哪怕是身边最亲近的人，如果你总是使用命令的口气跟他人说话，对方可能不会表示什么，但是心里肯定不是滋味，次数多了就容易伤到感情。

事实上，说话带着命令的口气是一种低情商的语言冷暴力，求人帮忙总是说"你把XX事做了""快给我完成XX"等，这样说话并没有照顾到对方的感受，也没有展现出与人交往应有的尊重态度。

有一位中学老师接了一个差班班主任的工作。有一次，学校安排各班级学生参加平整操场的劳动，而这个班级的学生却躲在阴凉处谁也不肯干活，这位老师说什么都不管用。

于是这个老师想了一个办法，他问学生们："我知道你们并不是怕干活，而是都很怕热吧？"

学生们当然不愿意说自己是因为懒惰，就都七嘴八舌地说："确实是因为天气太热了。"老师听了他们的回答后又说："既然是这样，我们就等太阳下山再干活，现在我们可以痛痛快快地玩一玩。"学生一听都高兴得欢呼起来，为了活跃气氛，这位老师还买了几十个雪糕让大家解暑。在这种和谐愉快的氛围中，学生们接受了老师的说服，还没等到太阳落山就开始愉快地劳动了。

很多时候，气氛能够影响到说服的成败。如果和颜悦色地用提问的方式代替命令的口气，维护了他人的自尊和荣誉，在这样友好而和谐的气氛下，说服自然会容易成功。因为每个人都有自尊心，都不希望被他人毫无尊严地说教、支配，所以在说服他人时，我们应该调节好当时的气氛，让对方更乐于接受自己的意见。

在当时的情况下，说什么学生都不会听，所以这位老师聪明地以退为进，先不提劳动的事，而是将气氛先搞活，让学生们心里愉快，这样也就能慢慢地接受说服。很显然，这种方法很管用，开始还不服管教的学生，后来都在老师的带动下服服帖帖地参加劳动了。

在生活中，当我们需要向朋友寻求帮助时，一定要掌握好说话的语气，如果你态度过于散漫，而且毫不忌讳地大大咧咧地向朋友"要求"帮助，那么朋友自然就会对你产生厌恶感。

主持人蔡康永说话永远是智慧中带着温柔，他与小S（徐熙娣）相识多年，在节目中插科打诨，至交良久，但是蔡康永在与小S沟通的时候始终持有一种尊重的态度。蔡康永让小S帮忙，他从来都会在后面加上"可以吗""好吗""方便吗"这样的话。蔡康永在跟任何人说话时永远都是温文尔雅，态度平和，他会使用大量的礼貌用词，从来不会用命令的口气跟别人说话。

在生活中，当你需要亲朋好友的帮忙时，也要用"请""谢谢"显示出你的礼貌和素养，更显示出你对他们的尊重。古语道"相敬如宾"，正因为我尊重你，我才会使用请求的词汇。带着尊重的态度跟别人讲话很暖心，对方听了心里会觉得你是在替他着想，即便你是有事情麻烦他，他也会全力以赴帮忙的。

　　除此之外，我们还需要注意的就是，假若对方不能够给予自己帮助，也一定要知难而返，向对方表示感谢和理解。"这么点小忙都不帮"之类的话说出口会伤害感情，与人交往都保持一个尊重礼貌的态度，才能令关系长久维持下去。

第三章

好好说话，就是通俗易懂"接地气"

1. 不卖弄文采，说话首先要让对方听懂

说话具有亲和力的人不会总是满口"官话"，而是用最平实的言语与人交流，哪怕自己的职位和社会地位比别人高很多。他们把自己的这种亲和力逐渐变成了影响力，赢得了人们的喜爱和追随。

柴静说："好的文字，是要用来听的。说到底，是不装。写文章用副词、连词是想吓唬人。告诉别人，我成年人了，你们要重视我，其实是虚弱。我也是花了好多年才学会平常说话。"

柴静在《看见》一书中，说话总是点到为止，她没有在书中推销自己的思想，也没有卖弄自己的文采，而是客观、精准地向人们展示事实。柴静在访谈的过程中，也并没有因为记者这个职业而忘记自己作为"人"的本性。

柴静说自己年轻的时候，在镜头盯着自己时，总是觉得必须要夸张自己的行为来取悦谁，认为只有这样才算是完成任务。但是后来柴静逐渐意识到，对于一个新闻人来说，在镜头前做到真实、不装才是最重要的。

在一个谈话节目中，如果主持人仅仅是照着预先定好的问题，一个接着一个地提问，而嘉宾一板一眼地回答，整个谈话的过程就像是一台僵硬的机器，没有丝毫的生动可言，这样的谈话节目也就没有任何的吸引力。既然是聊天，那么彼此之间就不应该有距离感，也不应该有地位身份的差别。主持人、嘉宾和观众都应该是平等的。

有些人为了给他人一个好的印象，便让自己的话语里堆满华丽辞藻，乱用一些专业术语，显得矫揉造作，华而不实。然而，在现实生活中，我们说话是为了给别人听的，因此语言必须要平顺、通俗、易懂。

如果跟你交谈的对象听不明白你说的话，必然影响信息的传递和思想的交流，交谈也就失去了原有的意义和价值。即使是专业性很强的学术交流也是如此，如果尽是些晦涩、难懂的词语，无论谁都是不喜欢听的，而且通俗易懂的语言也并不损害学术的严肃性。当然，平易通俗绝非浅薄庸俗，而要浅中见深，平中见奇，用浅显易懂的言语表达深刻的道理。

有一次，敬一丹跟随"心连心"艺术团去延安做采访。当天的彩排正好遇到了一场大雨，当时一位老大爷在雨中苦苦地等待，迟迟都不肯离去。问过之后才知道，原来这位老大爷是担心如果自己一离开就再也看不到这么好的演出了。

时任中央电视台台长的杨伟光知道后，立即从后台走了出来给老大爷送票。一位记者连忙跟老大爷说："大爷，这是中央电视台台长给您的赠票。"老大爷一脸茫然。因为周围的人都七嘴八舌将大爷围成一团，老大爷到此时为止都没有弄清楚给他这张票的人到底是谁。这个时候，在一旁的敬一丹走向前了，向老大爷说道："大爷，这是我们这里最大的官给您的看演出的票，您收好。"就这样一句话，让老爷反应了过来并且惊呼"我的妈呀"，当场感动得差点掉下眼泪，而当这个细节在电视中播出之后，更多的观众也瞬间被感动了。

北京广播学院（今为中国传媒大学）一位教授曾这样评价敬一丹："她对生活中的许多事情都感受得很浓很深，可在面对观众时，她又能把事情表达得很平和很清淡。"

在现实生活中，我们说话的对象具有不同的年龄、性格、脾气等，思想认识和所处的地位也不尽相同，因此他们对同一事物的理解也会有所差异。善于说话的人会根据各种人的地位、身份、文化程度、语言习惯来做不同的处理。例如在日常生活中，对同辈人与对长辈（或上级），对陌生人与对知己，对不同性格的人说话都应讲究分寸，考虑到听者的接受程度，不宜卖弄文采。

想要让自己的言语得到他人的认可，首先要让听者听得清、听得懂、听得亲切。特别是在演讲中，让听众们听懂自己在说什么是最基本的要求。如果总是运用专业术语或者过于书面化的言语，只会让人觉得枯燥乏味。只有把那些难懂的言语化为易听易明的口语，自然地"讲"出来，才能把话说到人们的心坎上，引起听者的共鸣。

我们在与人交谈的过程中，说平常话会让人显得真实自然，赢得更多人的喜爱和信赖。好的言语，重要的不是卖弄华丽的辞藻，而是要具有真情实感，并且让听者产生共鸣。如果你总是讲一些不着边际的理论，对方必是不爱听的。相比之下，平常话会显得越发具有优势和吸引力。

2. 别故弄玄虚，不知道就说不知道

《傅雷家书》中说："知之为知之，不知为不知。真诚的'不懂'，比不真诚的'懂'，还叫人好受些。"

一位世界一流的小提琴演奏家，他在为别人指导演奏时，从来不说话，每当学生拉完一曲，他总是从头再把这一曲拉一遍，让学生从倾听中得到教诲。

他总是说："琴声是最好的教育。"一次，他收了一位新学生。在拜师礼上，这位学生演奏了一首短曲，这个学生很有天赋，将这首短曲演奏得出神入化。学生演奏完毕，他照例拿着琴走上台，但是这一次，他把琴放在肩上，却久久没有演奏。他沉默了很长时间，然后，把琴从肩上又拿了下来，深深地叹了口气，走下了台。众人惊慌失措，不明白发生了什么事。大师微笑着说："你们知道吗？他拉得太好。我没有资格指导他。最起码在刚才那一曲上，我的琴声对他只能是一种误导。"

全场静默片刻，然后响起了一阵热烈的掌声。掌声蕴藏着三种含义：一是为学生的精湛琴艺；二是为老师对学生真诚的赞美和尊重；第三点也是最重要的一点，就是一位知名演奏家并不担心在大庭广众之下褒扬学生的琴艺会降低自己的威信，他在拥有一流琴艺和一流名声的同时，依然拥有磊落的胸怀和可贵的谦逊。仅此一点，就足以称之为大师！

有些人原本并没有多少知识，偶然被人问住，欲明说"不知道"，又恐丢了面子，只好不懂装懂，信口胡诌，答非所问，敷衍了事，聊以脱身。或者明明知道自己能耐不大，却不甘寂寞，人前人后"打肿脸充胖子"，摆出一副博古通今的架势，专唬那些学识浅薄之徒，借以满足自己的虚荣心。

他们以为不懂装懂，可以使别人相信自己是一个内行，以此赢得别人的尊重。却不知，孤陋寡闻的他们是很容易露馅的。

有一次，宴席上有菱角，李小满以前从未吃过菱角，所以连菱角的壳一起嚼了吞进肚子里。有人提醒他说："吃菱角必须去壳。"

李小满忙为自己解释说："我知道。连壳一起吃只是想清热解暑。"

李小满是北方人，有人就问他："北方也有菱角吗？"李小满很随便地回答："山前山后，哪里都有啊！"

在场的人都目瞪口呆。原来，菱角明明生在水里，山上怎么会有呢？

实际上，没有人能够做到门门学问都通、任何事情都了解，必然有很多需要学习和弥补的地方。而不懂装懂就像给不足之处盖上了一块遮羞布，施了个障眼法，虽然能暂时挡住别人的视线，使自己得以蒙混过关，但是终有真相大白的一天，那时就要为自己的不智行为付出代价了。

主持人张越在一次采访谢霆锋时，很坦诚地说"我没听过你的歌"，这让谢霆锋颇感意外，同时也对张越的坦诚感到敬佩和理解。在接下来的对话中，谢霆锋与张越谈得十分认真和投入。谢霆锋几次都由衷地感慨张越与他有共鸣，眼睛里也始终充满了对张越的认同，整个现场的观众也都沉浸在访谈之中。

我们在找工作的过程中，面试是一个必不可少的环节。在面试中，并不是面试官提出的每个问题都在我们的知识范围内，如果遇到自己确实不会的问题，支支吾吾或者不懂装懂，即使一时可以蒙混过去，一旦人家进一步追问，只会让你陷入更加难堪的境地。但是如果你果断而坦然地回答"我不会"，反而会给面试官留下诚实、坦率、磊落的印象，可以变不利为有利。

因此，我们应该用诚实、谦虚的态度去对待知识，对待别人。承认自己也有不知道的事并不丢人，而为了自抬身价而不懂装懂、自欺欺人的做法最终只会贻笑大方。

3. 聊聊家常，让对方放松下来

美国一名记者访问肯尼迪时，见面就说："我看您还真像个人文主义者。"一下子便引起了肯尼迪莫大的兴趣，破例与这名记者长谈了将近两个小时的人文主义。

其实，拉家常是一种非常好的沟通方式。拉家常是一种铺垫，这种铺垫往往能引起双方的兴趣，在不断讨论的过程中拉近距离，这就是拉家常的作用，我们可以利用好这种说话方式，来解决一些沟通有困难的事情。

2006 年两会期间的《小崔会客》节目中，崔永元采访时任全国政协副主席的周铁农，节目一开始，两人就像话家常一样聊了起来。

崔永元：听说我要采访您，我所有的朋友都为我捏了一把汗。

周铁农：听说要接受你的采访，我所有的朋友也都为我捏了一把汗。

……

崔永元：现在我特别放松，我就想跟您聊家常，我就想问问您那个名字是谁起的？

周铁农：名字肯定是老人起的，或者是父亲，或者是母亲，但是我这个名字起得稍微有点特殊，是我外祖父给起的。

崔永元：有什么含义吗？

周铁农：含义嘛，当时我生在 1938 年，那个时候中国的传统思想就是重农轻商，就是以农为本，所以他可能是希望我将来能够和农业有点关系吧，做个农民。

崔永元：觉得这是最踏实的职业是吧？

周铁农：那个时候如果家里头没有点田，在农村没有个根的话，不管干什么都是觉得没有根基的。

崔永元和周铁农一开始的对话，就像熟人之间的平常话一样，谈话双方的紧张和负担很快就被轻松的氛围所取代，让人完全看不出这是对一位高官的采访。

有句话是这样说的："社交就是先从废话开始的。"实际上闲聊性质的拉家常，对于正式进入交谈有非常好的铺垫作用。我们第一次与陌生人谈话，的确是需要一定的技巧和经验，当你面对各式各样的场合，面对各式各样的人物，要能做到谈话恰到好处，绝非易事，倘若没有一个好的开始就不能继续发展彼此的交往，甚至还会让对方感到不快。

当一个人越是放松的时候，越是容易吐露心声。作为谈话的主导者，不必把谈话的格调定得太紧张，尽管那样会激发出一些精彩言论，但也许并不真实。不如掀开伪装，让对方神经松弛，这样才能真情流露。

柴静在采访著名网球运动员李娜之前，有人对柴静说李娜是一个挑战型的人，越是尖锐的问题，她的回答就会越精彩。但是柴静觉得那样的话或许会让对话激烈而精彩，但是她更想让观众了解到一个最真实的李娜。

柴静在自己的博客中写道："她说话率真敏感，面对挑衅，一定激起水花，这个水花看上去好看，但有时会把一个人的实质掩盖了……我对她之前也有水花四溅的印象，一交谈就知道错了，还好不至于蠢到再找几块新石头砸进去，只能把原来的碎石搬开一点，让真实的她流淌出来。"

2011年，李娜在法国网球公开赛夺冠后，却陷入了持续低迷的状态。柴静问她："你在害怕什么呢？"李娜坦诚地回答："我怕输。"

在平时，就算是对自己最亲近的人，李娜也不喜欢轻易说出自己的感受。在采访的过程中，柴静并没有问李娜一些尖锐的问题，而是以聊家常的方式关注她的内心感受，更多的时候，柴静是在倾听。这让李娜逐渐放下了自己的心防，她对柴静说："我其实是一个很自卑的人，一个很消极的人。"

在很多电视节目中，我们经常看到一些主持人和嘉宾交流，把自己放在居高临下的位置，这就不可避免地导致他们对别人的谈话会进行判断。就像一个主持人表情中带着一种职业的怜悯，甚至强硬地、武断地下自以为是的结论："这些年，您一个人生活得太孤独了。"这时候，如果嘉宾不以为然地说："不，我一个人生活得很好，一点都没有感到孤独。"主持人却依然很执着："鬼才相信呢……"

相信如果我们面对的是像这位主持人一样的谈话对象，那我们很可能三句话后就会拂袖而去。还有的人在和别人交谈时，就像个小学生，脑子里装着十万个为什么，什么都问，结果弄得对方烦不胜烦，最后很可能不欢而散。

在轻松的闲聊中将话题导入正题，会让人觉得亲切随和，尤为重要的是，闲聊可以保持沟通过程的有效性，同时，闲聊中的表情动作以及姿势都能传递一些心理信息给对方，让对方觉得你是一个亲切与可信赖的人。

4. 放下优越感，用平易近人去营造谈话气氛

在于人交流时，平易近人就是没有架子，就是说话的时候要放下自己的优越感，站在与对方平等的角度上，让自己具有亲切感。社会心理研究表明，人们更喜欢言语上和他们接近的人。想要让谈话成功，就要使交流方式平等化，也就是说要以真诚的态度，以合作的心态，发自内心地、实实在在地和对方交流，这样，对方才会感到亲切和产生交流的愿望。

英国的戴安娜王妃虽已去世多年，但仍有许多人缅怀她，因为她有一颗平易近人、关怀他人的心，曾经使许多人为之感动。

英国年轻的芭蕾舞明星埃利不幸患了骨癌，准备截肢。手术前，埃利的亲朋好友，包括她的"粉丝"都闻讯赶来探望。有人对她说："别难过，只要你肯努力，一定会有奇迹出现，你一定会再次站起来的。"还有人说："你是个坚强的孩子，一定能挺住，我们为你祈祷。"埃利听完他们的安慰，一言不发，但所有的人都看得出，她仍然十分忧郁。

埃利优美的舞姿曾受到戴安娜王妃的赞美，夸她如"一只洁白的小天鹅"，她很想再见到戴安娜王妃。戴安娜王妃在百忙中赶来看望她，把她搂进怀里说："好孩子，我知道你一定很伤心，痛痛快快地哭吧，哭够了再说。"

埃利一下子泪如泉涌。自从得了病，什么安慰的话都有人说过了，就是没有人说过这样的话，埃利觉得最能体贴理解她的就是这样的话！

也许，正是戴安娜将自己放在了充满人性的位置上，没有刻意隐瞒自己作为普通人的考量，才让埃利愿意打开自己的心门。就像那个时候，埃利看到了戴安娜因为见到自己暴露出人性中的"软弱"一面，才发现原来这个坐在床头的女人，并不单单是英国的王妃，也是芸芸众生之中的一个普普通通的"人"，所以倍感亲切。

既然是交谈，那么彼此之间就不应该有距离感，也不应该有地位身份的差别。谈话的双方应该是平等的。如果我们说话总是严肃、刻板，没有亲和力，别人就会逐渐疏远我们，最后让我们沦为可悲的孤家寡人。

放下自己的优越感，用平易近人的语气与人交流会让你更具亲和力。而亲和力易于消除人与人之间的隔膜，进而使传达者有效地把自己的思想传递给被传达者。如果你是一个说话很随和的人，那在与人交谈的过程中，别人情感的大门就会主动向你敞开。

在美国，盖茨一度是最富有的人。他把几百亿美元捐出去，在全世界花掉这笔钱，救助了很多贫困的人，但盖茨在生活中本身并不奢侈。

1999年年初，这位来自美国的科技巨人带着他那个充满幻想色彩的"维纳斯计划"来到深圳，向中国推广这个计划，当时他住在远东大酒店，那天酒店广场甚至酒店旁边的路上聚集了数以万计的"粉丝"，人们争相一睹心目中世界首富的风采。盖茨非常有风度地向大家挥手致意，后来他还发表了热情洋溢的讲话。

当时他很随意地穿了一件羊毛衫，讲到兴奋的时候，他还会情不自禁地手舞足蹈起来，可细心的听众们发现，这位世界首富所穿的竟然是一件已经破损并且袖口上掉出线头的羊毛衫，这让所有在场的人都惊讶不已的同时也感觉他是如此平易近人。盖茨虽然拥有巨额财富，但没有表现出半点优越感。

平易近人的说话方式是影响人的最有力武器。林肯最终能在总统选举中大获全胜，很大一部分功劳应该记在他的谦逊和平易近人的说话方式上，而他的对手道格拉斯的张扬跋扈和过分的自我表现又更衬托出了林肯这种难能可贵的品质。

由此可见，平易近人的说话方式可以给人留下一种实在的印象，赢得他人的支持和信任。在生活中，如果我们懂得运用平易近人的说话方式，就会让自己具有亲切感，从而赢得好的人缘，当我们需要帮助的时候，别人也会愿意伸出援手。

5. 善于用"接地气"的话来讲大道理

在我们与人交往的过程中，有些大道理，说起来往往需要长篇大论，说者固然口若悬河、兴致勃勃，时间长了则口干舌燥，而听者也因单调枯燥而感到昏昏欲睡。那些所谓的大道理，看似很有说服力，但很难让别人产生共鸣。

2012 年，著名作家刘震云在新书的发布会上，发表了一次精彩的演讲。

在讲话中，刘震云说："读过书的人未必是知识分子，不识字的人如果见识特别深远，他就是非常好的知识分子。曾有两个大知识分子对我影响特别大，就是我的两个舅舅，他们都不识字。一个在我们村里赶马车，赶得特别好，方圆几十里，再调皮的牲口放到他手里，马上能变成一只猫。在我 13 岁时，他问我：'你觉得你聪明吗？'我说'不太聪明'。'你笨不笨？'我说'我也不笨'。他说，世界上就怕这种人。要不你聪明，要不你是个傻子，你会生活得非常幸福。这种不上不下的人，在这个世界上很难混。他说：'不聪明不笨的人，一辈子就干一件事，千万不要再干第二件事。'我记住了我舅舅这句话，直到现在，我就干了一件事，就是'编瞎话'。另一个舅舅是一个木匠，方圆几十里，他的木匠活做得最好。我舅舅跟我说：'你是不聪明的人，我再教你一招，做事情要慢。'所有人都告诉我们要快，但他教我逞一时之慢的哲学思想。别人写一本小说花三个月，我花三年，并不是我的手艺比那些人好，而是我花的时间比别人长一些，这是我写作的最大的秘密和诀窍。"

刘震云的演讲，精彩程度不亚于他的小说，现场也多次响起热烈的掌声。这次演讲之所以能够博得现场听众的喝彩，关键在于"接地气"。他在谈"何谓知识分子""何谓见识"时，讲述了赶马车、做木匠的两个舅舅的生动故事，分别说明了两个舅舅有着不一般的见识以及对自己从事写作职业的重要影响。刘震云用这种"接地气"

的语言表达方式，令现场听众感到真诚实在，亲切入耳。

在现实生活中，那些大道理很多人都明白，如果你总是抱着教育别人的态度，不厌其烦地讲一些大道理，必然会引起对方的不耐和厌烦。

如果一个人说话夸夸其谈、不着边际，总是爱讲一些大而空的道理，我们就会说他"不接地气"。一个"不接地气"的人是很难受到他人的尊重和欢迎的。只有"接地气"，真心实意地站在对方的角度考虑，我们才能受到他人的尊敬和爱戴。

我们要想赢得他人的喜爱和尊重，说话就不能浮于表面，表现出一副高高在上的样子。只有踏踏实实说话，说能够对他人有益的话，拉近与对方的距离，我们才能够深入人心，让交流更顺利。

在第十届全国书市上，崔永元应邀到场与广大读者见面。

主持人刚宣布提问开始，便有一个小伙子大着嗓门说："崔哥，《实话实说》没有过去好看了，这是咋回事？"

这话当头就是一棍。说比过去好看吧，观众不信服；说确实不如过去吧，岂不是给自己和栏目抹黑？

只见崔永元冲着小伙子说："不错，没有过去好看，我们是有责任的，但主要责任在你！"此语一出，全场肃静。怎么责任在观众身上呢？崔永元顺口问了一句："小伙子，结婚了没有？""没有。""那我告诉你，结婚的感觉和恋爱的感觉是不一样的！"这真是一个绝妙的比喻，全场哄地爆发出一阵笑声。

在谈话中，只有以对方喜闻乐见的方式来沟通，对方才会把你当成自己人，真正地去接纳你，从而达到相谈甚欢的结果。那些只知道高谈阔论、眼高手低的人，只会遭到他人的厌恶。

当我们不得不向别人讲一些大道理，而对方又拒绝接受时，我们不妨使用一些有寓意的小故事来试着打个比方，进行一下类比，没准还真能取得不错的效果呢。

我国南朝齐梁时期的范缜是言语辩论的佼佼者。他生活在佛教盛行的时代，却对那一套理论很反感，在与崇佛者的辩论中，他凭借自身的语言艺术，使自己立于不败之地。

一次竟陵王萧子良为了打击范缜，请了许多名人高僧来摆阵挑战，会上萧子良用他早已准备好的问题首先出击："范先生不相信因果报应，那么人世间为什么会有富贵贫贱的差异？"按照萧子良的预谋，在众多权势者的威逼下，范缜是无法也不敢否认命运的。只要打开这一理论缺口，便可以进一步瓦解范缜《神灭论》的理论体系。

殊不知范缜对他提出的问题，并不给予针锋相对的正面回答，而是从容不迫地打了一个比喻："人好比我们头顶这棵树上开出来的花，一阵风吹来，有的飘落在锦毯上，有的掉进了泥坑里，王爷就如同落在锦毯上的花，而我就如同掉进了泥坑里的花。"

范缜以落花喻人的差异，因为所借喻之物本身含有褒贬之意，如果借喻之物含有贬义，萧子良可能在理屈词穷的情况下，借故寻衅，以势压人。以花喻人，使萧子良无可挑剔，但实际上却是以落花来说明人本来都是一样的，由于社会的不公，才产生了地位的差异，话里蕴藏着对权贵者的极端蔑视，是一种外褒内贬软中带硬的反击。

这种方法放在今天同样适用。讲道理的时候可以采用类比的方法，先说出形象、生动，具有典型意义的事物，再引出自己想要表达的真实意思。类比法运用的是形象思维，而不是逻辑思维，从而使一般人更易于接受。

6. 发自内心的真情实感最具感染力

人们常说，沟通从心开始。的确，真情实意的交流往往让人倍觉珍贵。当一个人愿意从心开始，和对方真诚地互通有无时，很容易达到最为理想的交流效果。而且在这种交谈中，我们不会因为怀疑彼此动机不良而让交流搁浅。

生活中，我们需要关怀，却不被他人重视；我们需要认同，但实际上却并不为他人所关注。一经仔细思考你会发现，其实我们真正不被认可的原因，很多时候是因为疏忽了真情付出。一旦真情实意被自己长时间搁置，我们又怎么能够和他人搭建起畅通无阻的友谊桥梁呢？

《非诚勿扰》的舞台上曾经出现过一位叫作庄怡的男嘉宾，他带着一颗无比真诚的心去追求备受争议的女嘉宾马诺，而马诺当时很感动地给了他一个拥抱，最后牵线成功。

当时主持人孟非面对庄怡的成功说了这样一句话："庄怡告诉了我们一个跟爱情有关的道理。这个道理不是很多人都懂。这就是，在爱情上我们要搞懂两个问题，分别是我爱不爱他和他爱不爱我。我觉得这完全是两个问题。在爱情降临的时候，我们可以选择爱的对象，但是我们没有办法确定对方是否以同样的感情来对待自己。爱别人，是我们的权利。别人爱不爱你，是别人的权利。江苏卫视《非诚勿扰》的舞台，就是给每一个勇于大声说出爱的人提供的。"孟非的话无疑带有一种充满鼓励的真诚，这种真情实意的表达让现场观众无不赞同。

有人说人有七心，但是排列为首的是"诚心"。因为只有真诚的态度加上恰当的谦卑，这才是所谓待人处世的最佳礼节。真诚对于商家来说就是诚信，是信誉，对于普通人来说是为人之道，是建立彼此情谊的最便捷方式。就像孟非在《非诚勿扰》里，在和观众面对面的交流中，真情流露地表达出自己独到的见解，对节目所体现的主题做了一个充满温情的诠释，这让观众在明白主题意境的同时更容易认同他的话。

在现代社会中，人们更渴望真心的交流与相处，真情实意所带来的远远超过了自我存在的价值。中国历史上有"顽石点头"的故事，那便是出于诚心的感动。由此可见，用一颗真诚的心来对待他人，对方一定会有所触动。你的这种出自真心的交流会在赢得对方好感的同时，获取对方的信任。

当然，我们在与人交流时，一定要自然大方，所谓真情实意，是源自于心灵深处的交流与探访，是浑然天成的一种表态，切记不能表现得太过夸张，否则会让人觉得你是刻意表露出来的，而非真心诚意。

2012 年 7 月末，崔永元在京港澳高速路附近的一家饭店宴请了 154 名在暴雨中英勇救人的农民工朋友吃饭。席间，他担心他们会拘束，于是就大声宣布："我希望听到你们吃饭的声音。一会儿台上有人讲话，你们都不要停下手里的筷子。"在吃饭过程中，他还一再叮嘱："不要让热菜也变成了凉菜，今天你们的任务就是吃饭。"这样充满真情实感而又充满关心意味的表达，让农民工兄弟们倍感亲切。

崔永元对农民工兄弟们说的体己话，就是通过将心比心，设身处地地体验他们的心理，并针对这种心理而说出的关怀的话，这样的小细节，更会让人觉得他是在真正地关心着别人。

7. 说话须言之有物，不空洞

语言交流最重要的是要明确主题，开门见山，简洁明了，直奔主题，不绕弯子。最会说话的人，是语言简洁明了的人。口才最差的人，往往可能就是那些喋喋不休的人，说了一大堆，也没有说出主旨，反而还认为自己很棒。事实上，要真正地将自己的话说得高效，就必须让自己言语简练，要能在最短的时间内让对方明白你所说的意思。

2006 年柴静采访孝义市市长，主要谈论城市污染整顿问题。

柴静："这个城市付出了沉重的代价，现在回头来看的话，这个代价是不可避免的吗？"

市长："这个代价是惨痛的。"

柴静："是不可避免的吗？"

市长："政府对于焦化，始终是冷静的。我们采取措施之后呢，后面的这股劲我们给压住了。"

柴静："压住了？压住了还会有这么30多个违规项目上马吗？"

市长："因为当时有个投资的狂热，他们都想做这个事，市场形势特别好。在这种情况下，我们态度是坚决的。"

柴静："如果你们态度坚决的话，那么这些违规项目就应该一个都不能上马才对呀？"

当柴静问完这句话后，市长陷入了漫长的沉默之中。

老舍先生曾说："我们应该有点石成金的愿望，叫语言一经我们的手就变了样子，谁都能说，谁又都感到惊异，拍案叫绝。必须馅多皮薄，一咬即破，而味道无穷。""皮薄"就是要说明白话，说通俗易懂的话，"馅多"就是要说有内容、有质量、有信息容量的话。

在现实生活中，人们最讨厌的就是废话连篇，半天说不到点子上的人。言简意赅，不说废话，这样才显得说话的人干练。所以，在与人交往时，要注意说话简洁一点，这样才能够处处受到人们的欢迎。

在备受关注的一期《非诚勿扰》中，有一位叫作刘云超的男嘉宾为了显示自己的富有，刻意在自己针对的女嘉宾马诺面前把自己的600万存款全数展露出来，并且用非常轻蔑的一段话表述了自己对"拜金女"马诺的想法。

就在刘云超亮出他的600万元存款，并且对女嘉宾马诺做出一番"高谈阔论"之后没几天，他在百度的搜索排名急速上涨而且仅次于刘德华。对此网上褒贬不一，不少人指责刘云超"炫富"，并且"虚伪"。主持人孟非被问及此事时，并没有就此事做出过多的解释，而是只是用一句话调侃道："（这事）把我吓坏了。人家刘德华出道30年了，他出来才10分钟。"

我们常常能看见，一个人对某个计划或创意发表看法时说得天花乱坠，可是实际上让他去做的时候，却做得虎头蛇尾，甚至没有办法付诸行动。他们只会在嘴上说，而从来不能在手里做出来。像这种肚里没有半点墨汁，却又十分喜欢在他人面前夸耀的人，最终将失去他人的信任。在这次事件，主持人孟非用幽默之语一带而过，虽然只有一句话，寓意却是不小。

说话贵精不贵多。简短的语言有时反而会让相当复杂的思想感情十分清晰地表达出来。

一位著名律师曾说过：在一场官司的辩论过程中，如果第七点议题是关键所在，我宁愿让对方在前六点占上风，而我在最后的第七点获胜。这一点正是我经常打赢官司的主要原因。他在一场非常著名官司中，就是这样取得最后的胜利的：在那个官司审判的最后一天，对方律师整整花了两个小时来总结此案。这位律师本来可以针对他所提出的论点加以驳斥，但他并未那样做，而是将注意力集中到了关键点上，总共花了不到一分钟的时间进行陈述。最后，这位律师用简短的几句话便赢得了这场官司。

所以说，言简意赅犹如同精深的武技，四两拨千斤，讲究一招取胜。

8. 网络流行语，聊天必备"神器"

在 2016 年巴西奥运会上，中国游泳运动员傅园慧成了比金牌选手更引人关注的新闻人物。在接受央视的采访时傅园慧发自内心的狂喜和夸张的表情也使得这个"耿直 girl"一夜间变身"网红"。随着傅园慧和她的表情包的走红，我们也见证了一个网络热词的诞生：洪荒之力。因为傅园慧在 8 月 8 日和 9 日的采访中多次提到"洪荒之力"，例如"没有保留！我已经用了洪荒之力了""我昨天已经把洪荒之力用完了"，这个词也在一夜间出现在了各种文章和新闻的标题里以及无数人的聊天对话里。

如今，网络文化对我们的生活有着很深的影响，五花八门的网络流行语也被网友们带到了现实生活中，甚至成为一些人说话的口头禅。

《暴走大事件》是一档新闻讽刺类网络脱口秀节目，定期在优酷网、ACFun 弹幕视频站和 bilibili 弹幕视频站更新。这档节目能够在短时间内红遍整个网络，并且几乎每一期都能"发明"几个网络流行语，《暴走大事件》的主持人王尼玛绝对功不可没。

例如在某一期的《暴走大事件》中，主持人王尼玛在节目中连续多次引用"我和小伙伴们都惊呆了"，用以表示惊讶与讽刺。由于暴走漫画的巨大影响力，"我和小伙伴们都惊呆了"被作为网络流行语迅速传播，引起了巨大的反响，短时间内成了热门话题，用于表示对某件事情不可思议的惊讶之情和讽刺之意。

又例如王尼玛的结尾句"荆轲刺秦王"，在引起网友热议的同时，更是引领了网友再创作的高潮。

随着网民数量的与日激增，网络空间已成为新词语诞生的重要领域，这种新词语被称之为网络语言。简洁方便的网络语言，备受人们的关注。它们不仅仅具有关注热点、神秘搞怪、传播速度之快等特点，还具有社会批判、社会传播等隐形特点。

很多人都认为只有新奇的文字和语言才能够彰显自己的个性，体现与别人的不同。追求时尚，紧跟时代的步伐，这是一些网民使用网络流行语的主要原因。当有些网民被问及为什么喜欢使用网络流行语的时候，他们是这样回答的："使用流行语有时候并不是因为自己喜欢，只是觉得别人都在用，你不用就会显得落后，就感觉自己和别人有很大的差距。"

我们在平时随意的交谈中可以适当使用网络语言，毕竟这些网络语言可以更加生动活泼幽默的形式表达我们所要说的意思，使交谈变得轻松愉快。然而，使用网络语言要适可而止。

2016 年，在《笑傲江湖》第三季的舞台上，一位自称来自"战斗民族"——俄罗斯的"老外"卷福在初赛时用熟练的汉语"吐槽"学习汉语难，使评委老师以及现场观众笑声不断，尤其是他那句"难死宝宝了"用撒娇的方式从一个俄罗斯大汉口中说出来更是引爆全场，一时间"难死宝宝了"成了第三季《笑傲江湖》中最火热的流行语。

进入复赛阶段，卷福依旧以自己犀利的语言"吐槽"中国美食，并将那句"难死宝宝了"改为"吓死宝宝了"。虽然全场观众依旧笑声不断，但是当节目结束的时候，作为评委的冯小刚老师却直言道："作为一个外国人，能把汉语说成这样已经值得我们给你掌声和肯定了，但我觉得你这期这个节目的效果不如上一期，因为你那句'难死宝宝了'上一期说出来确实很搞笑，但是放在这一期依旧是用这个梗，我个人觉得效果不是很好。"

网络流行语让社会语言充满活力是件好事，但我们在使用的时候也要注意使用场合，注意交际语境。网络流行语活泼生动，表达力、感染力强，但并不适用于所有的对象、场合和话题。如果不注意语境而任性使用，就可能造成负面效果。比如"淘宝体"，过于亲昵随意，示好意味明显，显然不适合用在严肃正式的语体中，比如在面试简介中使用。

其实在生活中，我们使用网络流行语的效果和饮酒类似，小酌怡情，大饮伤身。只要用之有度，不"耍酒疯"（粗俗、扰人），小酌又何妨？

第四章

好好说话，就是得体应酬不失礼仪

1. 点菜，别轻易问菜价

如果说，在饭店里吃饭时最令人反感的是什么，那么就属问菜价无疑了。因为不管是不是我们请客，问菜价给人的第一感觉就是抠门、吝啬、小气。所以，千万别轻易问菜价哦，因为那太有损我们的形象了，也会使同行的客人感到心里不舒服。

有一次薛迪凯过生日，他叫来了很多朋友还有几位同事，在一家还算高档的饭店订了包间。等大家都过来后，热闹的气氛渲染开来，薛迪凯收礼物几乎收到手软。

眼看该点餐了，服务员过来把菜单给了"寿星"，薛迪凯出于礼貌，先让朋友们各自点道菜，但是朋友们一直推脱，薛迪凯不好多为难，就自己点了。

薛迪凯没有看菜单，就直接问服务员道："你们这有锅包肘子吗？"服务员道："有，正宗的保定锅包肘子。"薛迪凯随即问道："什么价位啊？"服务员道："一份 138 元，请问您订这个吗？"薛迪凯想了想道："等会儿，我再想想，油焖大虾挺好的，什么价位？"服务员道："98 元。"薛迪凯点点头，依旧在思考着，然而他却没有注意周围的人皱眉的皱眉，小声私语的小声私语。

"酸菜鱼也不错，我先点份酸菜鱼吧。"薛迪凯笑呵呵地道。周围的人颇为尴尬地笑着。之后薛迪凯让大家点菜，大家点的都是些不太便宜但绝对不贵的菜。到酒足饭饱之际，薛迪凯一说"撤"，大家相互寒暄了几句就准备走了，吃饭前大家说想去 KTV 玩，现在谁也没再提起。

但自从那次生日过后，薛迪凯平时想叫上几个朋友再聚聚，几乎很少有人应邀前来。

如果是我们请客，不停地问菜价，反而会让别人觉得我们小家子气，貌似还有点没见过世面的感觉，总之给人的感觉非常不舒服。尤其别人再点菜的时候，会非常不自在，生怕自己点贵了。当然，这顿饭也不会吃得多愉快。

若我们是以客人的身份问菜价，更是对主人的不尊敬，因为问的菜价太贵了选不选都会使我们以及主人感到尴尬，可若选了太便宜的菜，就是看不起主人，会使我们陷入两难的境地。

点菜问菜价，无论是站在主人还是客人的角度上，都是一个忌讳，是很不礼貌的行为。所以，我们一定要注意，别去犯这种过于低级的错误。

如果说，我们担心菜单上没有报价，又怕大家点菜后透支了预算，那么就不如提前订餐，这样我们可以在私下里联系饭店，订制合适价位的饭菜。这时我们必须提前了解一下所到客人的口味，尽量照顾到每一个人。

如果是想控制预算，还有一种方法是选合适档次的饭店请客，客人也能领会请客人的预算和心思。另外可以在客人没到之前查看菜品的价位，避免结账时的尴尬，做到心中有数。

我们不问菜价，有的时候客人难免会问，不管对方有意无意，我们都不能露出丝毫的反感或轻视的表情。若客人不小心问了价格较高的菜时，一般他会有点尴尬，因为点与不点都会让他觉得有些不自在。这时我们不如故作无所谓地道："嗯，还可以，味道一定不错，我倒是想尝尝，不如咱来一个？"这时候客人一定会笑道："你看着办吧！"只要让客人把球踢给我们了，就相当于我们给客人找了个台阶下，避免了两难的境遇。

说到这里，倘若我们是客，对方是主，这时就更不能轻易问菜价了，因为无论我们问的菜价贵与不贵，都是对主人的一种不尊重，像是刻意表示主人是个视财如命的吝啬鬼一般。所以，我们只点菜，别随便问菜价。主人盛情邀请的话，我们可以点些不太贵，基本上符合大众口味的菜。如果一时拿不定主意，跟在座的各位商量下，也是可以的。

客人点菜时，常会客气地问我们怎么样，这时候，有些人会习惯性地问服务员这道菜的菜价，其实这样做往往会引起很大的误会，让客人怀疑是不是点的菜太贵了，是不是点的不合人家口味，是不是太主动了，等等。就算我们什么都没表示就点了那道菜，客人心里还是会感到非常不舒服。

总之，无论在任何地方任何地点跟谁吃饭，我们都不要轻易去问菜价，即便是和亲朋好友或者铁兄弟哥们儿一起也不能轻易问，因为大家对问菜价者的第一反应往往是抠门，若是和客户或身份地位尊贵的客人一起吃饭，可能这一个小问题就会毁了自己的形象，结果得不偿失。

2. 提前为席间话题做些准备

应酬吃饭并不是一件容易的事，特别是单枪匹马主持饭局，既要面面俱到地点菜配酒，又怕冷落了宾客，苦找话题，真的是分身无术。

饭桌上面对的都是一些新近谋面或各怀目的人，既不可推心置腹，又不可有话直说，然而在这样无甚共同语言的状态下却偏偏要主持打发至少两小时的饭局，不提前做好功课真是掌控不了。因此，如何在饭局上寻找共同的话题，引发大家的欢声笑语、激烈讨论才是饭局的关键。

饭桌上，有人一味奉承低俗不堪，有人海阔天空不着边际，有人自言自语狂妄自大，有人黄色段子层出不穷，也有人穷追不舍誓达目的令饭局索然无味。这时候，作为饭局的主持人，能否察言观色，分别对待，雅俗共赏，往往是饭局成败的关键，饭局上说什么比吃什么东西还重要。

饭局的话题应当事前就做好准备，然后分阶段遵循由浅入深的原则引入不同的话题。应约初到时，客人刚到饭店和包厢，风尘仆仆，身心都未进入饭局的状态，这时候要客气寒暄一番。这个阶段，不要说太多的话，因为客人正忙于将随身的物品（提包、大衣等）放好，女客人还要去洗手间梳洗一番。这时，主人应该协助挂放提包和大衣，倒上热茶，准备好热毛巾。如果客厅内有沙发闲谈区以及配有餐前小食的话，可引领客人前往。这样，既不会让场面冷落，又不需要客人急于应酬主人，给大家一个缓冲的时间。这个阶段所说的话都是客套话，如路上的交通如何；表示欢迎及感谢赏面；如果有被邀请的人员没一起前来，询问原因，等等。这样的话题都不需要思考，无关痛痒。

等到主客已经坐下，餐前闲谈，等上菜的时候，大家渐入角色，真正的话题现在开始。这时的话题很重要，犹如会议的开场白，客人一般都是先跟着这个话题走，不会随便开口。吃饭当然要以轻松自在为原则，哪怕是心怀目的也不能在这时候就直奔主题。这个阶段一般以半正式的话题引入此次宴客的目的，比如听说这家饭馆的菜做得很有特色，特意请大家来一起品尝；经常麻烦某某，这次特意一起吃饭表感谢；听说某某的酒量很大，特意见识一番……这样的开场白，既淡化了大家心照不宣的目的，又让大家轻松自在。一两句开场白之后，就可以进入其他轻松的话题，比如关于天气、关于堵车、关于一路上的见闻。也可以拿一些自己在吃某些异域风情饭菜时闹出的笑话来取悦众人。这样，抛砖引玉，让大家都参与进来。

等到正式上菜的时候，吃饭开始了。经过餐前闲谈的环节，主人一般就会知道谁喜欢什么话题了。这时，可以先以这些爱好鲜明的客人作为突破口，多创造一些话题等其他内敛的客人都加入谈论中。饭菜刚上来，客人一般都难以抗拒饥饿，他们的精力都会集中在品尝中，所以这时的话题就局限一点，少一些客人参与进来。可以涉及轻松的内容，如生活趣事，每个菜的特色介绍，时事政治，经济动向等。这些话题总有一项符合在座的客人，让他们在吃饭之余打开话匣子。而且，这些话题一般没有太多的功利性和倾向性，基本上不关乎大家的利益，大家不会各执一词，造成席上争执。

饭饱酒足之后，进入相谈甚欢阶段。这时候即将散席，饭局自始至终都在轻松的氛围下进行，此时若再不点题，那就白请一顿了。此时主人应根据自己的目的及所托的轻重，对客人做出暗示，如过两天有件事还要麻烦你，之后的事情有劳操心等。客人愿意赴约，基本上也明白是怎么回事儿，所以也不必多说，只需为下次的见面搭好桥即可。

最后，如果将来事成之后还准备设宴答谢的话，可以说出对下次宴会的期许。比如事成后我们开香槟庆祝，去吃鲍鱼海参，去海边吃珍奇海鲜……这样绘声绘色的说法，让在座的客人都对下一次宴会充满期望，好比胜利就在眼前。

饭局千变万化，面对的人也是形形色色，没真正的公式可循，只有饭前为席间话题做好准备，总结出一套适合自己的话题，这样才可轻松应对。

3.话题卡住了就换，不要恋战

估计很多人在谈话中都遇到过类似的情况：本来两人相谈甚欢，然而随着话题的深入，可能因为那么一两个问题不着调，对方的热情开始慢慢消减，最后变成了你一直在说，对方一直在听，最后，你自己也觉得说得乏味了，导致谈话氛围逐渐冷却。

实际上，交谈不仅仅只是双方毫无顾忌地聊天，更要学会察言观色。当聊到一些可能对方不喜欢、不欢迎的话题时，一定要注意避开。学会关注对方的心理变化，这样才能及时地切换话题，让交谈继续顺利地进行下去。

在与陌生人交谈的时候，因为起初并不知道对方的喜好，所以在谈话过程中我们一定要学会通过不断变换话题来吸引对方的注意。比如，在交谈时，如果对方跟你说话总是心不在焉，眼睛盯着别处看，这就表明对方不喜欢这个话题，或者对这个话题不感兴趣。这时最明智的方法是转移话题，扩大话题圈子，然后挖掘出对方心中的喜好。

蔡康永在自己的书中写道："话题卡住了，就换话题，不要恋战。我知道有些话题你起了个头，是希望问出一个结果，或是要告诉对方某件事，但卡住了就是卡住了，暂且丢开就不会手忙脚乱，有机会再绕回来就可以了。"蔡康永还有一个生动的比喻："你看电影里的杀手，每次忽然发现手枪里的子弹卡住了，或者射完没子弹了，就会改用拳脚进攻，很少坚持拿着已经没有子弹的枪当武器去敲敌人的头。"

　　聊天就要"投其所好"，那些擅长说话的人往往都能够从对方的言语、表情、手势、动作以及看似不经意的行为中掌握对方意图、了解对方的心思，并且尽量避免那些容易引起争论的话题，然后再根据对方的心理来组织自己的语言，适时地转换话题。

　　高情商的人懂得把话题引到对方感兴趣的地方。我们可以用顺水推舟的方法，比如在聊一个话题，而对方明显出现了不想说话的状态，那么就要顺着这个话题转移到另一个对方可能感兴趣的话题上。事实上，很多人在准备和某人见面前，会主动了解对方的兴趣爱好，以便在聊天时主动对话题进行引导。

　　实际上，谈论对方关心、感兴趣的事或物，是在无形中给对方一个赞美和肯定，对方往往会在这些话题上跟你深入地探讨起来，无论是与人交往，还是商业谈判，这一方法总是很奏效。

　　美国童子军的一位指导者有一次为了筹措一笔资金帮助一个童子军参加欧洲的童子军大会，去见一位大富豪。据说这位富豪曾签出一张百万元的支票，后来因为其他原因作废，于是便将这张支票装入镜框，悬在壁上，以此自赏。

　　这位指导者从这件事中猜透了富豪的心理，于是在见面时，第一件事就是要求富豪为自己介绍一下那张支票，并且称数目这样大的支票，有生以来还是第一次听说。听他这样一说，富豪果然扬扬得意，立刻拿出来给他看。指导者一边赞不绝口，一边问了许多关于这张支票的话，而对于自己的来意只字未说。最后，倒是富豪先问起了他，他这时才接过话头，把来意详细说了出来。

出乎他意料的是，那位富豪不但对他的要求一口应允，而且主动把一个代表的名额增加到五个，又让他也跟着去。后来这位富豪还给了指导者他们许多帮助，比如替童子军中家境不佳者找工作等，而且还与指导者成了最好的朋友。

没有话题出现冷场时要主动寻找话题，但不能硬找，比如跟一个足球迷聊天，话题冷场时你主动提起篮球的话题，对方也不可能有所回应。所以转换话题时最好还是往对方感兴趣的方面靠，这样不用过多地试探，就容易找到聊得来的话题。另外要注意，转移话题的时候要自然，不要太过生硬地从一个领域跨到另一个领域，应该表现得自然，让对方不觉得我们是刻意就好了。

4. 众欢同乐，切忌私语

在各种各样的聚会、饭局中，常常会出现一桌子人只认识一两个，其他都是生面孔的情况。在这种情况下不要只与熟悉的人窃窃私语地聊天，必须要跟整个桌子的人进行沟通，这就是众欢同乐，切忌私语。

大多数酒宴宾客都较多，所以应尽量多谈论一些大部分人能够参与的话题，得到多数人的认同。因为个人的兴趣爱好、知识面不同，所以话题尽量不要太偏，避免出现唯我独尊，一个人神侃，把所有人都忽略的现象。

特别是尽量不要与人贴耳小声私语，给别人一种神秘感，往往会产生"就你俩好"的嫉妒心理。这样的行为首先是对同桌的人不礼貌，其次是在表现自己的不合群。中国从古到今都以"礼仪之邦"著称于世，到了现在，有些旧习俗虽然已经被淘汰，但是很多礼仪还深受人们的重视。尤其是在饭局中，适当的酒桌礼仪能让你给别人留下好的印象。其中"众欢同乐，切忌私语"是最被人们所重视的。

酒桌上可以显示出一个人的才华、学识、修养和交际风度，面对所有人来一句诙谐幽默的话，会给客人留下很深的印象，使人无形中对你产生好感。所以，应该把说话的对象定义为所有人，言语得当、诙谐幽默也很关键。高情商的人能把陌生的酒桌变成自己的主场，迅速地与酒桌上的人认识并良好地沟通起来。

要想在酒桌上得到大家的赞赏，就必须学会一碗水端平。与人交际，就要真诚以待，左右逢源，才能扮演好酒桌上的角色。保证与所有人的共同沟通，是建立良好关系的前提，如果实在不知道该说什么，你可以以一种正式而恰到好处的口吻问候对方，然后说点客套话。客套几句后，你就会发现应该用什么话题与对方沟通了。

这里有个巧用客套话的例子。

王：你好，我姓王，是来参加婚礼的，台上结婚的人是我哥们儿，我在做销售工作。

李：你好你好，我姓李，我是新娘家的亲戚，你是做什么销售的？

王：我主要是在上海做品牌代理。

李：上海我去过两次，去过外滩，真有国际大都市的样子啊。

王：是啊，将来到上海玩，我请你吃饭。

李：对了，看你的年龄，你和新郎是大学同学吗？

王：是，我们大学在同一个宿舍……

酒桌上有很多规矩，想要融入一场酒宴，就必须要主动出击，去主动认识人，通过敬酒、聊天等方法，赢得别人的认可。一个在酒桌上随时能与众人谈笑风生的人，在任何时候都是受人欢迎的，因为他们适应力超强，现场沟通力极佳，在各种应酬中都能够表现得落落大方。

5.碰杯敬酒，要有说辞

在酒桌上，司空见惯的是有人敬酒时不会说干就干，如果没有好的说辞或合适的理由，别人不会轻易喝下随意敬过来的酒。有句话说"交浅言浅，交深言深"，喝酒同样也是此理，彼此喝得尽兴，关系才能在无形中越来越铁。而敬酒的理由说得精彩，令人无可挑剔，才会让对方心甘情愿地与我们碰杯，并且对我们个人的印象也会加深。

当然很多人都清楚敬酒的时候得说些什么，然而就是因为把握不住什么该说，什么不该说，结果酒没敬上，让自己丢了面子，甚至还有可能得罪了人家。

陈林的上司带着他去应酬客户，在酒桌上，上司与那位客户说说笑笑，话题不断，陈林在一旁不是随意地笑笑，就是有一句没一句地搭话。

而正当陈林准备拿起筷子夹菜的时候，他的上司给他使眼色，盯着陈林面前的酒杯向客户努努嘴。陈林会意地点点头，举杯站起来对客户说："姚先生，一直听说您是个特别冷的人，我看谣言非实，您看上去很平易近人啊！呵呵！我这杯酒敬您了。"说完陈林等着与客户干杯，然而客户却冲着他的上司笑道："呵呵！现在的年轻人精力旺盛啊！我是不行啊，不能喝得太多，这一杯我看就免了吧！"陈林有点傻眼了，刚才客户跟自己的上司还不停地碰杯呢。

这时，陈林的上司道："年轻人嘛！还需要锻炼，呵呵！小陈啊，你先回公司帮我把下午开会的资料准备一下。"陈林放下手中的酒杯，有些尴尬又不自在地离开了。

等到他的上司回公司后，直接把他叫到了办公室，狠狠地训斥了一顿。这时陈林才知道他错在敬酒时说了一些不该说的话。

向别人敬酒时的说辞一是为了提高气氛，二是让对方乘兴而饮。所以，敬酒的话不仅要充分，还需让人家听着舒服、高兴，这是应酬客人时必须掌握的一项技巧。然而有些人却容易犯一种错误，就是用推翻别人的话来表达自己对对方的看好。比如："我常听别人说你这人小气得很，我怎么看也不像啊，果然是'闻名不如见面啊'。"虽然这话是在夸对方，但任谁听了估计心里都不是滋味，难不成没见面之前你也是这么认为的？或者说这话反而更像是在讽刺人家。所以，如果不能把握好这中间的度，我们最好不要用这种话作为敬酒的说辞。

当我们跟上司或领导坐一起，向领导敬酒时，搬出工作上的功绩说话是最大的忌讳。还有，给比自己身份地位高的人敬酒时一定不能妄自尊大，比如"我代表公司……""你是公司的骄傲……"之类的话一定要去掉。尤其是在职场中，酒桌之上不谈工作，就连与工作有关联的一些话，能不说就不说，除非你也是领导之一。

为敬酒找个说辞其实也并非难事，就比如说向自己的上司敬酒，我们大可以大大方方地说："经理，漂亮的话我不太会说，但这次一定要借助这个机会，谢谢您对我的信任和栽培！"话不用多，点到即止，再加上我们诚恳的态度，相信对方会愉快地接下这杯酒。

但需要注意的是，如果对方不是我们的直接领导，平时也很少交往，就千万别说什么曾指点我们的话了，或许人家压根就对我们没什么印象，不过出于尊敬和礼貌这酒还是要敬的，我们可以参照周围同事敬酒的方式，然后再小小地改动一下，要知道，就算不能使其他人记住我们，也不能忽视或得罪他们。

不管跟谁喝酒，我们千万别自作聪明地用激将法，比如说"你不喝可就是看不起我"，这些话无论是针对客户还是身份尊贵的客人都是非常不礼貌的，而且有点自抬身价，甚至看低人家的意思。

其实想找好的说辞，有很多的捷径可走，例如，这次吃饭是庆祝某人的高升或生日或婚礼或合作等，我们就可以借题发挥，围绕这个主题转，总不至于跑题或说错话。

有时碰杯敬酒的说可直接用祝酒词来代替，好的祝酒词在很多时候是提升就餐气氛的好招式。但无论是家庭聚会，或是同事朋友聚会，或者是在酒宴上，我们所说的祝酒词一定要真情真意，不可有半点敷衍或虚情假意，那样才能使酒成为联络感情的黏合剂，才能达到我们敬酒的目的，切忌空话、假话、虚话等不切实际的话出现。

就比如，我们说："祝我们的情谊天长地久！"这句话实在俗套得没说服力，听得多了还会令人生厌。若换成："酒香情谊浓，这小小的一杯酒囊括了咱们多年来的友谊，就让我们的感情像这酒一样越陈越香，回味无穷！"如果再加上你回忆的神色，想必会让在座的各位也缅怀起这么多年的感情，而我们的敬酒不仅达到了目的，也将彼此的感情又拉近了一步。

6. 敬酒分主次，谁也不要得罪

一位小职员陪同上司去请一位很重要的客户吃饭，要敬酒时，那位小职员想：上司关系着自己未来的命运。所以他快刀斩乱麻，直接向上司敬酒，然后再向客户敬酒。原本那小职员认为自己完成了一件多么伟大的事情，可回到公司后，领导竟让他卷铺盖走人。

为什么会出现这样的情况呢？其实这位小职员被开一点也不冤，因为他在敬酒时弄错了顺序，忽略了最重要的客户，却反过来灌自己的上司。敬酒是有顺序的，不是想敬谁就可以敬谁，因为敬酒的顺序与一个人的地位、身份和尊严有关，我们若在这种细节上出错，当真可以酿成"千古恨"。

一次工作宴会上，李婷婷有幸和他们公司的大领导、副领导、自己的顶头上司和另一位张处长同坐在一张酒席上。

出于礼貌和敬意，李婷婷最先向大领导和副领导敬了酒，接下来原本是要给自己的上司和那位张处长敬酒。可这时难题来了，自己的上司和那位张处长都是同等身份，而他们座位中间却夹着一位老兵。

李婷婷想：既然按顺序来似乎是对其中一个上司的不敬，但又不能先敬自己的上司，如果先跟张处长喝，然后再给自己的上司敬酒，最后再敬那位元老级别的老兵应该不成问题。有了主意的李婷婷果然就这样做了。然而她却不清楚，就在这次宴会上，那位元老便深深地记住了她。

一次，上司叫李婷婷协助那位老兵一起完成一项任务，然而上司却在最后说了句让李婷婷好自为之，这有点让她摸不着头脑了，但李婷婷清楚这次她的任务是协助那位老兵。结果从那天起，李婷婷完全成了那位老兵手下一个打杂跑腿的，一天下来没什么正活，却累得她直不起腰来。然而直到现在李婷婷也不清楚为什么那位老兵要故意为难她。

敬酒要有序，主次当分明。酒要敬得好，首先次序要明了，否则很容易得罪人，这不关乎对方是不是爱斤斤计较，而是敬酒的先后顺序不仅仅是对客人的尊重，还体现出我们自身的素养、阅历以及为人处世的态度。别人是否看好我们，从敬酒这一细节上便可一览无余。所以，我们必须把敬酒的主次顺序弄明白、记牢固。

一般情况下敬酒应以年龄大小、职位高低、宾主身份为序，敬酒前一定要充分考虑各种因素。

如果说我们是与不熟悉的人一起喝酒，就要先打听一下对方的身份或者留意其他人如何称呼对方，这一点，我们必须要做到心中有数，才可避免弄错身份，搞乱主次，不至于造成尴尬或伤感情的局面。

假如在酒席中我们有求于某人，对他自然要更加恭敬些，但也不能因此乱了敬酒的顺序，若有更高身份的人在，我们就不应该只对对自己有帮助的人毕恭毕敬，也应当是先敬更尊敬的客人，否则的话，这会让我们的行为带有很强的功利性，一来让其他客人对你不满，二来让我们有所求的那位客人感到难为情或不自在。

倘若实在分不清在座各位的职位高低，也不好开口询问身边的人，亦不可随意去胡乱敬酒或跟着别人的敬酒顺序去敬。不如就按照正常的顺序来，比如从自己身边按顺时针方向开始敬酒，或是从左到右、从右到左进行敬酒等。

敬酒时，不是酒一上桌，我们就可以举杯去敬，一定要等到主人敬酒后，我们才可以开始向大家敬酒，所以，我们千万不可急功近利，喧宾夺主。

当我们给在座之人敬酒时，也要视情况而定，要注意在对方方便的时候敬酒，比如没有其他人敬酒，对方嘴里不在咀嚼，情绪也比较高昂，等等。

还需要注意的是，如果大家都是向一个人敬酒，我们一定要等到比我们身份高的人敬过之后再去敬，也就是说，重要的人物相互喝完才轮到我们敬。而在敬酒时，我们可以一个一个地去敬，但不可以我们一人敬多人，除非我们的身份也不低，否则就是妄自尊大，会引来领导或长辈的不满，以及同事或朋友们的嘲笑。

7. 提高酒桌谈话能力的六个方法

谈起喝酒，几乎所有的人都会说，酒桌上是"演说家"们的天下。现代人在交际过程中，已经越来越多地发现了酒的作用，而酒桌上如何说话也成了大家津津乐道的话题。

酒作为一种交际媒介，迎宾送客，聚朋会友，商务往来，发挥了独到的作用，所以，探索一下酒桌上的谈话能力的奥妙，有助于大家人际交往的成功。这里总结了以下六点：

1. 把握大局。

大多数酒宴都有一个主题，也就是喝酒的目的，健谈者总能很好地把握住这个主题，从而掌握了大局。赴宴时首先应分清主次，然后环视一下在座各位的神态表情，不要单纯地为了喝酒而喝酒，失去锻炼口才的好机会，更不要说一些哗众取宠的话，那样你只会被认为是酒徒，泛泛之辈，而且会搅乱东道主的意思，惹主人不满。

2. 语言得当。

酒桌上的发言可以显示出一个人的才华、学识、修养和交际风度，所以语言一定要得当，如果能诙谐幽默就更好了。有时一句诙谐幽默的话，会给客人和主人留下很深的印象，使人无形中对你产生好感。懂得什么时候该说什么话当然更为重要，语言得当是诙谐幽默的基础，是关键中的关键。

3. 和气待人。

在酒桌上，往往会有些话语太过于针对某人，而且有些人喝了酒后不讲道理，咄咄逼人，这是酒场上最忌讳的。这种现象在劝酒时经常出现，有的人总喜欢把酒场当战场，想方设法劝别人多喝几杯，别人不喝酒就说别人"不实在""不够意思"，其实，如果一个人够意思，他是不会咄咄逼人的。

咄咄逼人，对度量大的人还可以，度量小的人说不定就翻脸了，所以过分劝酒，会将原有的朋友感情完全破坏。

4. 主次分明。

主次分明也是一门学问。一般情况下，应注意每个人的年龄大小、职位高低、宾主身份等。比如敬酒，敬酒前一定要充分考虑好敬酒的顺序，分明主次。就算与不熟悉的人在一起喝酒，也要先留意别人如何称呼他或是打听一下他的身份，这一点心中要有数，避免出现尴尬或伤感情的局面。

说话时一定要把面子留给主人或主客。有求于某位客人时，当然要给他留面子，但是要注意，如果在场有更高身份或年长的人，则不应对能帮你忙的人太过毕恭毕敬，要先给尊者长者留足面子，不然会使大家都很难为情。

5. 察言观色。

要想在酒桌上说出得到大家赞赏的话，就必须学会察言观色。说话时要随时注意对方的感受，一旦谈及对方不感兴趣的话题引得对方不快时，应立刻转移注意力。

6. 稳如泰山。

酒宴上要看清场合，学会藏锋，正确估计自己的实力，不要太冲动，尽量多说一些低调的话，还要把握好说话的分寸，既不让别人小看自己又不要过分地表露自身。选择适当的机会，把自己的锋芒缓缓放出，才能稳如泰山，不致给别人产生"吹牛皮不上税"的想法，使大家不敢低估你的实力。

酒桌上，口才固然重要，但这儿毕竟不是辩论会，所以体现自己能说会道的同时，也要注意方法，要给他人留有余地。

8. 听懂酒桌上的"弦外之音"

酒桌上有一种情况非常令人尴尬，那就是说者有心，听者却无意，任你费尽心机、磨破嘴皮，对方就是听不懂你的"弦外之音"，结果是听的着急，说的更着急，相当尴尬。

毫无疑问，有些话是听需要弦外之音的，毕竟在很多时候，说话不能太直接、太明了。比方说，批评人太直接，容易伤了人的自尊；给领导提建议太直接，让人觉得你比领导还强；你有难言之隐时，你得为自己找个台阶下；事情紧急，但涉及商业机密，用"暗语"来表达是最好的选择……

有一次，齐威王决定派淳于髡去赵国搬兵，因为他能言善辩。齐威王为淳于髡准备了马车 10 辆，黄金 100 两。淳于髡见了放声大笑，连帽子都笑飞了。齐威王就问："先生为何发笑？是嫌这些东西少吗？"淳于髡说："我怎么敢嫌少呢？"齐威王又问："那你到底笑什么呀？"淳于髡说："大王息怒，今天我来的路上，看见有个农民在田里求田神赐给他一个丰收年，他只拿了一只猪蹄和一坛子酒，祈祷说：'老天爷啊，请你保佑我五谷成熟，米粮满仓吧！'他的祭品那么少，却想得到 10 倍以上的回报。我刚才想到了他，所以禁不住想笑。"齐威王领悟了他的隐语，马上给他黄金 1000 两，车马 100 辆，白璧 10 对。淳于髡这才启程出使赵国，不久，就搬来了 10 万精兵。

如果你想了解一个人，不是去听他说出的话，而要去听他隐藏起来的话。一般说来，一个人不会轻易把自己真实的意见、想法公布于众，但他的意见和想法总会在他的语言之外体现得清清楚楚。

如果你想真正地了解一个人，不需要打破砂锅问到底，只要做一个聪明的听者，从他的弦外之音中揣摩出他真正的心思就可以了。

那么，如何在酒桌上听懂弦外之音呢？

首先，注意对方说话的方式。说话方式是一个透露对方内心所想的"窗口"。一个人的真实想法不同，他的说话方式也不同。注意对方的说话方式，你便能猜透对方的真实心理，听出对方在想什么。

如果某人的说话速度变得迟缓，而且稍有木讷的感觉，说明他对你心怀不满，或者有敌意。如果某人说话的速度突然快起来，说明他有愧于心或者在说谎。一个人突然提高说话的音调，即表示他有不同意见，想压倒对方。说话时有意地抑扬顿挫，制造一种与众不同的感觉的人，一般怀有某人不可告人的企图。因为他有吸引别人注意力的欲望，自我显示欲在言谈之中就透露出来了。

喜欢迎合他人的人说话往往很暧昧，他们说同一句话既可这样解释，又可那样解释，对的错的全让他说完了。这种人处世圆滑，懂得如何保护自己和利用别人，且不肯吃亏。

心胸狭窄的人，经常对他人评头论足，嫉妒心重，说长道短，人缘极差，内心孤独。如果他对诸如别人不跟他打招呼之类的小问题耿耿于怀，说明他有自卑心理，渴望得到别人的尊重。想升职的人，有些常以领导的过失和无能为他们津津乐道的话题。

如果某人在某方面有苦衷，他在说话时会极力避开某个话题。在这方面有强烈的欲望时亦然。交谈时，对方先是与你谈一些家常话，这是他在了解你的实力，探明你的本意，好转入正题说他们的真实意图。

总之，说话方式在一定程度上出卖了对方的内心真意。在与人交谈时，注意观察对方的说话方式，是了解对方弦外之音的一个有效的方法，会使我们进一步了解对方的为人。

其次，从话题上探索对方的心理。要透过表面的东西去了解一个人的性格特征和情趣，可以看他喜欢说什么话题，注意他谈论的自身感兴趣的事情，这样就会发现他所追求的一些东西。也就是说，人们的一些平日不为人所知的情绪会从某个话题中呈现出来。

9. 中途离席的技巧：不要和所有人道别

在生活中，有很多人平时比较繁忙，需要处理的事情比较多，或者是几个饭局都需要到场，因此，在长达数小时的宴会中根本就无法自始至终参加到底。有的人能够到场就是给了宴会主人面子，让主人深感荣幸了。因此，对这些需要早退的宾客也可以实行"来去自由"的政策。

当然，需要提前离开的人也应该注意礼节，不能过分随意地逛几圈和初识的人相互介绍完后就走人，或者是与认识的人打了个照面，与熟悉的人喝了几杯酒后就开溜。即使是需要提前离开，也应该注意酒桌上的礼节。

这时候，中途离席的一些技巧，你不能不了解。

在现实当中，我们常见的就是当一场宴会进行得正热烈的时候，因为有人想离开，而引起众人一哄而散的结果，这使主人急得直跳脚。这种闹场的事，最难被宴会主人谅解，一个有风度的人，可千万不要犯下这种错误。

为防止由于你的离开而引起多米诺骨牌效应，引发更多的人跟着一哄而散，你中途提前退席应该尽量不要引人注目，也没有必要和身边的每一位朋友逐一告别，只要悄悄地和身边的两三个人打个招呼，然后离去便可。

通常，如果需要提前退席应该注意以下细节：

在宴会主人邀请你的时候，你就应该事先说明需要提前离开的理由，你应该说明参加宴会时大约可以逗留的时间，让主人做到心中有数。

应该尽量按照约定的时间准时到达宴会场所，如果你需要晚到，应提前电话告知宴会主人，让大家可以先开动起来，以免大家为等你而挨饿。

参加宴会时，应按照酒桌礼节的要求，待主人敬完主宾和重要客人以后，你再择机向主人敬酒，只有向主人敬完酒以后才可以择机离开。

假如你已经参加宴会，那么，再着急离开通常也要在"酒过三巡，菜过五味"以后，千万不能刚吃了一口菜你就要走，这会让主人非常难堪的。

如果你事先已经和主人说明过需要提前离开的原因，那么，离开时就没有必要再向主人告别说明了，最好的办法是和身边的一两个人轻轻地说一下就可以了。

千万别问其他人是否需要和你一起提前离开，其实很多人苦于找不到早退的理由，你的这种做法很有可能把绝大多数的客人都带跑了，让原本热热闹闹的场面因你的搅和而提前散了场。

如果你的不拘小节无意之中闹了场，这是最难被宴会主人谅解的，或许由此还会与你结下了梁子成了冤家。因此，一个有良好教养的人是绝不应该犯如此低级的错误的。

如果主人送你到门口，你应该马上与其握手告别，让他马上返回宴会现场，千万别和主人在门口聊个不停说个没完没了，要知道，主人在宴会期间有许多事情需要处理，有许多客人需要招呼。

记得第二天一早一定要主动打个电话给邀请你参加宴会的主人，向他真诚地道个歉，或者补充解释一下，再次进行沟通，以表示你的礼貌和尊重。

假如这是重要的公务活动，那你还真的应该先看清了主人、弄清了宴请的范围和主题再决定是否需要早退，以免得罪他人。假如这是朋友之间礼节性的聚会，那你可以找机会弥补缺憾，以表示你的歉意。

当然，假如你是酒宴中身份最高的人，就算去应一下卯也会让大家受宠若惊的，因此，你提前离开是不会有人说三道四的，或许还有人会帮你圆出个理由来。不过，酒桌上约定俗成的规矩最好大家都能够自觉遵守，毕竟，这就是中国的酒桌文化。

10. 酒桌上少讲"荤段子"

有不少人在酒桌上认为讲"荤段子"是很正常、很普通的事情，更有甚者，把讲"荤段子"视为博取别人关注的手段。诚然，在一些无关紧要的场合，偶尔开个玩笑也是可以的，但讲"荤段子"这种事情要是不分场合地频繁上演，那就麻烦大了。

或许很多人都曾目睹过这样的粗鲁行为：在一个朋友聚会的场合，几个大男人兴高采烈地讲着"荤段子"，旁边的女士们都显出一副尴尬的神情，可他们依然故我。这种行为不仅粗俗，而且会严重影响他人对自己的评价。你要明白这种行为与幽默无关。虽然你把别人逗得喜笑颜开，但他们极有可能转过身去就开始想："天哪，这个家伙真无耻，连这种话都说得出来。"要知道，别人不会因为你的"荤段子"讲得好，就对你真心结交和崇拜的，有可能他们会在以后的时间里渐渐疏远你。

刘进爵之前在学校里就是一名活跃分子，在宿舍里经常给大家讲"荤段子"，在办公室的闲聊中可谓是发挥了特长。每次在工作比较烦闷的时候，几个男同事就号召刘进爵"来一个"，这时候刘进爵一般都积极响应，也不管同屋的女同事在意不在意，就开始讲起来。有时候他们还故意问女同事能不能听懂，搞得两个女同事面红耳赤，不得不在他们讲荤段子的时候借故出去以免尴尬。

有一次，公司聚餐，领导在就餐的中途接到一个电话说有事就离开了，没了领导的约束，酒桌上的气氛活跃起来。刘进爵给自己倒了一杯酒，就开始滔滔不绝地说起了自己拿手的"单口相声"。同席的两个女同事有些无奈，借口自己去卫生间出了包间。

没承想，领导的外衣落在了包间里，回来取衣服时看到两个女同事在外面聊天，于是就上前问是不是吃饱了，怎么不吃了，两个人你看看我我看看你，都不好意思开口。领导就自己推开了门，此时刘进爵正背对着门口激情昂扬地讲着，面对推门进来的领导，大家都止笑噤声，还一个劲儿地跟刘进爵使眼色。刘进爵转过头来，满脸得意突然卡住了，只剩下满脸的尴尬。

不久之后，刘进爵就因为"没有团队意识、影响公司形象以及传播黄色思想"的理由被公司开除了。

随着风气的开放，"荤段子"如今已经逐渐被人们带到了各种各样的场合，一个男人如果不会讲几个"荤段子"甚至会让人看不起，特别是在酒桌上，好像已经俨然成了一种风气。

有些人讲"荤段子"就像是演讲一样骄傲，不但声音很大，讲完了还总是故意去问周围的女性，或者拿话"挑逗"对方，特别令人讨厌，过分又出格。

"荤段子"虽然盛行但是也要注意场合，酒桌上和亲密的朋友在一起可以讲一下调动酒桌的气氛，但是在公司聚餐时千万不要去触碰它。身在职场，你就要学会杜绝这些"黄色垃圾"，不要因为一个笑话而丢了一份工作。

更不要以为会讲几个黄色笑话就会被别人尊敬，这样只会让自己显得"没品"，也会让周围的人觉得你这个人粗俗不堪，会私下嘀咕："这个人脑子里天天都想些什么？"

笑话可以提升一个男人的魅力，但是黄色笑话只会给自己的身上抹黑，特别是在工作期间，办公室里更要将黄色笑话作为一个禁区，不要轻易尝试。黄色笑话会成为别人握在手里的把柄，会让领导觉得你这个人低级粗俗，没有文化品位，会断送掉自己的职业前程。黄色笑话的危害不仅仅针对男同胞，同时对于一些女性来说，加入一堆男人的黄色笑话中，会给人不自重不自爱的感觉，降低了自己的身份。

　　不论是在酒桌上，还是在办公场合，一定要学会管好自己的嘴巴，别让"荤段子"顺嘴而出，要多考虑一下自己的形象和未来。讲"荤段子"之前，想想这是否就是你希望自己被他人记住的形象。每个人都具有超强的记忆和传话能力，不要小看了人群的力量，一定要管住自己的嘴。

第五章

好好说话，就是谨小慎微不信口开河

1. 没弄清楚是非曲直之前，不要信口开河

俗话说：没有调查就没有发言权。生活中有些人总是没有弄明白事情的是非曲直就开口说话，结果，劝架的变成吵架的，开心的变成伤心的，严肃的变成荒唐的……这样的事情比比皆是。

我国古代有许多故事讲的就是有些人没有调查清楚事实就急着向别人宣告自己的观点。如"盲人摸象"，摸到大腿的人就说大象像柱子，摸到尾巴的人就说大象像鞭子；"三人成虎"，有人说有老虎出现，别的人没有搞清楚究竟有没有老虎就跟着大喊街上有老虎；"按图索骥"，找马的人没有弄清楚千里马究竟是什么样子的，就指着癞蛤蟆说那是一匹千里马……这样的故事很多很多，说明了在现实中有很多人没有搞明白真实的情况，就妄下断言。

2011 年，日本大地震引发核电站泄漏事故，引得国内一些人散发不实言论，说碘盐能够抗辐射，事后专家证明了这种说法只是谣言，丝毫没有科学依据。这类做法是极度不负责任的行为，带来的危害远远大过说错了话。

还搞不清楚状况下就妄下评论是肤浅、武断的做法。彻底弄明白一件事情的原委始末，有确凿的证据证明你的观点时再开口说话，你的话才是有分量的，才站得住脚。

白玉是个急性子，虽然名字里有"玉"，说起话来可真不怎么温润。

白玉在之前的工作合同期满了之后，便开始物色新工作。她挑来选去，选中了一个卖场楼面督导的职位，收到通知后就来参加面试。

面试的主考官看到白玉的形象气质颇为出色，非常符合这个职位的外形要求，有意留她，就多问了她几个问题。主考官问白玉："你对我们公司了解多少？"

因为面试地点是在一个高级写字楼内，白玉就不假思索地说："贵公司是外资企业，公司的注册资金超过了10亿元。"主考官顿时愣了愣，因为这家公司实际上是一家民营企业，注册资金也不是白玉说的那个数。

主考官觉得面试没必要再继续了，就让白玉回去等通知。当然，这个录用通知是永远不会发出去了。

白玉不懂装懂，说话不负责任，失去了主考官的信任，最终丢掉了这个工作机会。

当你与别人谈话时，一旦发觉自己心里响起"我不太清楚"的声音，就要停顿下来，问问对方，将问题弄清楚。一定要提醒自己停一下，而不是跟着感觉走，把问题糊弄过去。

停下来思考一下，能让我们理智地对待对方的问题。否则，我们仅仅通过片面的认识就与对方讨论问题的错与对，往往会说出令对方不愉快的话。

当你还没有弄清楚事实时，宁可不说，也不要信口开河。做人不能不懂装懂，谦虚一些，要能体现出一个人的诚实可信。

说话要过脑子，做事情要谨慎。讲话不要只顾一时痛快，乱说一气，不清楚事实就胡乱地说，只能坏事，不能成事。一个具有好口才的人，也要学会倾听，在某些时候多听听其他人的看法，没有坏处。

总之，遇事不要急于下结论，即便有了答案也要等等看，也许会有更多的事实和更好的解决方式，站在不同的角度看问题就会有不同的答案，要学会换位思考。做事要负责任，说话也是如此。

2. 莫逞一时口舌之快

俗话说："祸从口出。"有很多人因为控制不住自己说话的欲望，常常有的没的乱说一气，口头上是痛快了，可是周围人的脸色却都变了。我们说话，要记得给自己的话加一个"安检门"，在往外"输出"的时候，先过滤一遍，想一想有没有什么不该说的。

不管什么时候，都要学会控制自己的嘴，不要只为了让嘴痛快，脱口而出说一些不合适的话。不要揭人伤疤，也不能拿别人的缺陷开玩笑。就算你和对方很熟，也不能随意取笑对方，触及他的痛处。一个不小心，你就会在无意之中伤及对方的人格和尊严，违背开玩笑的初衷。

周凯刚刚调到一家分公司当经理，他感到一切似乎都进行得很顺利。有一天，大家正在等人到齐开每周的例会，周凯想开个玩笑活跃一下气氛，就笑着对他的助理小刘说："小刘，你身上那条领带真丑！我从没看过这么难看的，你在哪儿找到的？"小刘顿时缄默起来。周凯一看小刘脸色不对，就知道自己说错话了。

无独有偶，宋朝时也有个人说了和周凯类似的话。

宋朝时，一位教书先生的妻子生了一对双胞胎，左邻右舍去看望，一名男子不怀好意地同孩子的父亲开玩笑道："这两个孩子哪一个是先生的？"

在场的人反应了过来，顿时场面安静了。孩子的父亲则反应更快，幽默地回敬道："不管哪个是先生，哪个是后生，都是我的孩子。"

众人一听哈哈大笑，那个说话的男子只得灰头土脸地溜走了，以后再不敢仗着一点浅薄的学识而随意地讥讽别人了。

虽然上文中的周凯绝非有意得罪人，但说出来的话已经不能收回了。而宋朝的这名男子为了逞一时口舌之快，抖个机灵，话里给人挖了个坑，教书先生却机智聪明，巧妙地化解了局面。

在人际交往当中，常常可以看到一些争吵源自一件鸡毛蒜皮的小事，却因为一方逞一时口舌之快，说了不该说的话，伤害了对方的自尊心，从而导致双方你来我往，把口水仗打得如火如荼，甚至大打出手，小事变成了大事，酿成祸端。

爱逞一时口舌之快的人通常都沉不住气，或是说话不经思考，他们在和人说话的时候，往往无意识地就把心里话吐了出来。

林纪伟平时说话直，心里想什么就当面倒出来。有一次他负责招聘，一个应聘者说自己是北京某名牌大学毕业的，但还没具体说是那所大学的哪个学院，林纪伟就脱口而出说了一句让人觉得尴尬的话："这学校有一流的也有末流的。"众所周知，这所大学的几个学院水平虽然有高有低，但哪所也不至于位居末流。林纪伟的话其实是话赶话赶出来的，但是这话听起来意思就是怀疑那个应聘者徒有虚名。

这下子，林纪伟的话被对方逮住不放了，非让他说出他们学校到底哪个学院是末流的。林纪伟在心里暗暗称苦，后悔逞一时口舌之快却带来这样的麻烦。最后林纪伟只好向那位应聘者郑重道歉，才平息了对方的不满。

我们在说话的时候一定要好好想一想再开口，不能一时犯嘴瘾，图痛快。在说话的时候，一定不要说出伤害别人、贬低别人的话，不要触及他人的隐私或者忌讳，说话时候要学会收敛，就算是开玩笑也要有度，不要什么都说，什么都无所顾忌。

很多时候，说话逞一时口舌之快的人都有心理上的原因，要克服逞一时口舌之快的毛病，就要从平常的自我心理调节上下功夫。如果你一时不察，说了什么不该说的，也要学会补救，尽快地把话圆过来。

说话不可太露骨，不要以为你直率以对，别人就会感激涕零。要知道，我们永远不能率性而为、无所顾忌，话语出口前，考虑一下别人的感受，是一种成熟的为人处世的方法。

要戒除自己爱逞口舌之快的毛病，就要学会磨炼自己的耐心。假若你实在不能确定自己要说的话是不是会伤到别人，还有一招撒手锏，那就是"沉默是金"。

总之，凡事三思而行，说话也不例外，在开口说话之前也要思考，确定不会伤害他人再说出口，这样的话才能暖人聚人，你也才能受到别人的尊重和认可。

3. 别人咨询意见时，宜用"模糊表态"

不可否认，把话说得明明白白会给人以良好的印象，明确而坚定的表态也给人以自信的感觉。但我们在表态或许诺时如果总是轻易地使用"绝对""一定"的字眼把话说死，不留余地，就不一定是明智之举了。会说话的聪明人都知道，话一出口就收不回来，为了防止授人以话柄，他们大多会选择用"模糊表态"的方式留有余地。

有一天，狮子把羊叫过来问它自己嘴里是否很臭，羊直白地说："是的。"狮子一生气，就把它的脑袋咬掉了。

狮子又把狼叫来问同样的问题，听闻羊的死讯，狼战战兢兢地说："不臭。"狮子觉得狼不够诚实，又把狼咬死了。

最后，狮子把狐狸叫来，狡猾的狐狸说："我感冒得很厉害，闻不出来。"结果狐狸逃过了一劫。

没把握的事，一定要谨慎地说。当别人就一些事情咨询你的意见时，如果你不说，别人会觉得你不近人情；如果你能措辞严谨地说出来，会让人感到你是个值得信任的人。

你不能确定的事，就不要把话说得太绝对，要学会模糊表态。所谓模糊表态即是采取恰当的方式、巧妙的语言，对别人的请求或者是意见做出间接的、含蓄的、灵活的表态，避免最后事与愿违的尴尬和不必要的问题。

　　一家彩妆公司的产品销售部经理在对新产品进行市场预测时，总是先要开公司内部会议，还经常叫上其他部门的人共同讨论，而且还经常私底下征求下属的个人意见。

　　一次开会的时候，公司新来的两个员工张芸和谢甜甜都表达了自己的独特看法，得到了销售部经理乃至公司领导的好评。而且，两人在阐述自己的看法时，还强调说要是按照她们的方法做一定会成功。销售部经理当即表示要她们俩拟出一份详细的销售计划书，公司一定会认真考虑。此话一出，张芸和谢甜甜欣喜若狂。两人作为新人能得到经理的重视，都认为自己的机会来了。

　　但是新产品上市后，销售情况一直不见好，这令销售部经理非常恼火，决定调整销售策略。当公司追究责任的时候，张芸和谢甜甜成了众矢之的，结果不但被领导责骂还被扣了奖金。

　　预测错误是难免的，但是张芸和谢甜甜两人最大的问题就在于不懂得模糊表态，最终留下了话柄。开会时两人阐述自己的看法没有问题，但是说她们的方法一定能够成功，这种太过灯明瓦亮、不留后路的表态方式也注定了她们最后要吃苦头。销售部经理和其他同事或许也有责任，但在公司要追究责任的时候，大家的关注点都在她们身上，因为话是她们俩说的，计划也是她们俩做的。

　　假如这两个人在提出自己的看法时能够低调收敛一点，不要说那句按照这种方法做一定能够成功的话，而是补充一句"当然这只是我们个人的一些粗浅的看法，我们没有经验作指导，具体的措施还需要领导做决定"，就能达到最好的效果。

　　有的时候，别人向你咨询意见，并不是真的要从你这里获取一个最终的答案。就算你对这方面比较了解，也不要给对方一个太过明确的建议。你可以这样跟对方说："我认为这是一个比较好的办法，但并不是绝对的，或许有更适合你的办法。"或者说："我的想法是这样的，不知道别人还有没有更好的意见。你可以多问几个人，再权衡一下。"

有时候模糊表态还可以作为拒绝别人的最佳方法，既给对方留了面子，也不会让自己为难。要求你解决或答复问题的人，内心总是寄予着厚望的，希望事情能如愿以偿，完满解决。如果突然遭到生硬的拒绝，心理上难以平衡，难免会对你产生看法。相反，不把话说死，为对方保留一点希望之光，也许过一段时间事情会向好的方向转化。这种情况下的模糊表态，于己于人都方便。

4. 不轻易承诺自己做不到的事

有些人在生活或工作上经常不负责任，许下各种承诺，过后却不能兑现承诺，结果给别人留下恶劣的印象。如果承诺某件事，就要努力办到，如果你办不到，或不愿去办，就不要轻易答应别人。

总是有很多人喜欢夸大自己的能力，虽然他们明明知道自己不能胜任，但还是胡乱许诺，结果却做不到，以致失去别人的信任。

某研究所的一个主任向自己手下的一千年轻研究员许诺说，要让他们中三分之二的人评上中级职称。当他向学校申报时，有关负责人却说，学校不能给他那么多的名额。他据理力争，跑得腿酸，说得口干，还是不能解决问题。他又不愿意把情况告诉手下的研究员，只对他们说："你们只管放心，我既然答应了，就一定能够办到。"

到公布职称评定结果的时候，众人一看，评上中级职称的人才不到总人数的五分之一。本来满以为自己能够评上职称的研究员们都大失所望，在暗地里骂他吹牛不打草稿。甚至有人当面质问他说："主任，你不是答应过我要给我评上中级职称吗？现在怎么大家都没有啊？"

校领导知道了以后，也批评了他。从此，他既在所里信誉扫地，也在校领导跟前留下了坏印象。

不管什么事情，如果做不到，不要轻易就答应。一旦你对别人做出了承诺，就相当于你欠下了一笔债，直到你兑现承诺，才算是将债还清。说出去的话犹如泼出去的水，如果你只是一时激动，答应了对方，对方心有所期之时，你却根本无法兑现自己的承诺，令人空欢喜一场。言而无信之人只会让人难过，会让对方误以为你是因为没把他放在心上所以才忘记了对他的承诺。

对那些讲信用的人来说，诺言不会受时间、地点、处境等各种因素的影响，它从许下的那一刻起便注定了一定要被兑现。所以，在做出承诺的时候，一定要慎重，不能胡乱开空头支票。

住在城郊农村的顾建国准备自己盖一座新房，可是找不到好木料，便托了城里的一位朋友，让他帮自己在城里买。朋友费了不少力气帮他把木头买了来，还运到了他的家里。

等到算账的时候，顾建国才发现费用高出预算不少。顾建国的老伴觉得多花了冤枉钱，就想把木料退回去。顾建国却说："我之前都跟人家说好了，不管什么价，能买来就行。要是咱们说话不算数，以后还怎么和朋友打交道！"

朋友也觉得木料有些贵，有点不好意思，顾建国说："老伙计，我之前说了，不管什么价我都要。你费心费力帮我弄来了木料，我得好好感谢你一番哩！"

虽然在木料上多花了钱，但是顾建国心里觉得安稳。他对老伴说："多花点钱不算什么，守住了信义才最重要！"

顾建国知道信守承诺对一个人的价值有多大。试想，如果他因为费用太高而拒绝收下木料，那么他的朋友会怎么想？可以肯定的是，那位朋友以后再也不会心甘情愿地给顾建国帮忙了。

答应别人去做某事之前你一定要思虑再三，因为生活中有许多事情是超出个人能力范围的，有一些诺言可能难以实现，在这种情况下，就要坦诚地面对事实，及时征得对方的谅解。

诚信一直以来就是评价一个人的重要标准，所以我们做人一定要言而有信，在做出承诺的时候不能信口开河，随便答应，不要拍着胸脯做根本没有把握的承诺。"空头支票"害人害己，只会让人远离你，让你成为人际交往中的孤岛。

5. 话不要说满，给自己留有后路

如果你细心一些，就会发现，很多人在面对记者的询问时，都偏爱用这些字眼：可能、尽量、或许、大概、不出意外的话，等等，这些都是带有不确定性的字眼。他们说话的时候之所以采用这种说法，就是为了留一点儿空间好容纳意外；否则一下子把话说得太满太绝对，结果事与愿违，那就不只是面子上难看这么简单了。

在一些场合说话，要懂得"话不要说满，给自己留有后路"的道理，不要轻易给他人留下话柄，要给自己留下余地，这样才可以在一些复杂的、困难的和尴尬的局面中找到解决问题的方法，找到新的出路。

徐子力存了一笔钱结婚时要用，正好他一个朋友来借钱，并向徐子力保证一定在他结婚之前归还。由于他俩平时交往密切，关系一直不错，所以徐子力便痛快地借给了朋友。

可是眼看婚期就要到了，左等右等，徐子力的朋友还没把钱还来。无奈之下，徐子力只好上门催促，最后搞得不欢而散。从此，徐子力和这个朋友便不再往来，多年的友情就此作罢。

我们可以看出，徐子力这位朋友的做法非常不可取。与人来往切记认真对待每一次约定，绝不可疏忽大意，因小失大，只有这样才能建立和维持朋友间的和谐关系。否则，你在他人心目中的形象就会直线下跌，别人因你不能信守约定而疏远你，从此不愿意再与你打交道，你只能孤军奋战了。

一般下厨房做菜的人都有一个习惯，先要少放盐，若味淡时再加，如果开始之时放盐太多，一旦味咸了，就难以改淡了。说话也是一样，俗话说得好："人情留一线，日后好见面。"话不说满，留有余地，日后方能进退自如，收放从容。

有些人总喜欢给人打包票，把话说得满满的，事情圆满解决了当然皆大欢喜，万一出了意外，给别人留下了话柄不说，还有可能给自己带来麻烦。聪明人在说话时，懂得给自己留余地，用一些不那么绝对和明确的话语表明自己的态度，万一出了什么意外，也能够避免尴尬。

最近某公司上新项目，其中有一项工作的难度很大，公司老板将此事交给了小李，问他："有没有问题？"小李拍着胸脯回答说："没问题，您就放心吧！"过了三天，小李这里却没有任何动静。

老板问小李进度如何，他才老实说："不如想象中那么简单，请让我继续负责吧！"虽然老板同意他继续努力，但对他拍胸脯打包票已有些反感。

再过几天，老板又问小李，小李低着头说道："您交代的事情确实难度很大，我还是没有什么进展。"老板大怒："不能做，你不早说？你看看耽误了多少时间？！"

无论是在生活中，还是在工作中，都不要轻率许诺，许诺时更不要斩钉截铁地拍胸脯保证，应该给自己留下一定的余地。当然，这种留有余地不是给自己不努力寻找理由，而是要在自己的确无法办到的情况下给自己留下一条退路。

其实，生活中的很多尴尬是由我们自己一手造成的，其中有一些就是因为话说得太绝。说话时，多些考虑，留有余地，这在外交辞令中是见得最多的，每个外交部发言人都不会说绝对的话，要么是"可能，也许"，要么是含糊其词，以便一旦有变故，可以有回旋的余地。

谈话中用一些不确定的词句能够降低人们的期望值，若事实与你所说的并不相符，人们会因为你之前不确定的态度而表示谅解，还会因为你后来的努力而欣赏你；若事实与你所说的相符，人们反而会喜出望外，加倍地感激你。说话留余地，就能收放自如，让自己立于不败之地，从而在人际交往中找到一个合适的平衡点。

说话留有余地，要注意几个技巧。你可以在说话的时候加一些隐含的条件，向别人表明你的立场，还可以采取灵活弹性的承诺方式，说明事情的不确定性，还可以适当扩大一下时间范围，为自己所说的话加一个保障。

在日常生活中，别人拜托你帮忙，你可以答应接受，但不要说"保证做到"，你可以用"我尽量，我试试看"的说法，尽量帮助别人的同时，也要告诉对方可能会出现某些意外。与人发生争吵，不要把话说得太绝，比如"势不两立""绝交""老死不相往来"之类的话最好不要说，谁也不知道以后还会发生哪些变化，保不齐在某些情况下你还要请对方帮忙，说话时给双方留有余地，他日需要携手合作时就顺当了很多。此外，对人的评价也不要太过绝对，妄下断论，比如"这个人做什么都不行""这个人不会有什么出息的"之类的话最好不要说，谁也不知道麻雀什么时候能够一飞冲天变凤凰，眼前的一切都是暂时的。

话要讲得像弹簧，既有空隙又有弹性，特别是在一些紧要的事情上，说话一定要滴水不漏、恰如其分，才能给自己留下一个仔细考虑、慎重决策的余地，以便在为人处世中如虎添翼。君子一言，驷马难追，话说太满却不幸没有言中，不仅会给人际关系造成不应有的损失，还会因此影响自己的前途和声誉。

6. 面对请求，有把握也别急着答应

很多时候，面对别人的一些请求，或许因为刚好是自己的专长，或许因为手头的资源便捷丰富，很多人会认为帮助别人易如反掌，很有把握，往往会马上就答应下来。

不过凡事总有意外，使得事情产生变化，原本简单的事情也会变得复杂和难以完成，自己努力了一番，最后还是辜负了别人的满腔期望。一些意外情况并不是人们事先所能预料的，为了容纳这些意外，我们需要有足够的时间来审视自己究竟能不能够实现对方的请求。

很多情况下，诺言能否兑现，除了需要主观的努力，同时也受很多客观因素的影响。有些事情本来成竹在胸，但是由于一些意外情况使事情发生了变化，我们一时之间无法办到，这是常有的事情。因此，就算我们很有把握，也不要轻易许下诺言。

小林酷爱读书，朋友们都知道他的藏书很多，也有很多朋友向他借书看。

有一次，一个女孩开口向小林借书，小林对女孩已经心仪很久了，一听那本书自己有，就马上答应了。谁知，等小林回家将上上下下的书架都找了一遍，竟发现那本书不见了。问过父亲他才知道，那本书前几天被父亲拿到单位去看，不小心丢在外面了。

这下小林急了。只好开始跑书店找那本书，不料，大小书店都跑遍了，也没有找到。最后，小林只好对女孩说书借出去了，现在没法借给她了。

女孩说："你不想借给我就算了，直说不就好了。"小林一听，非常窘迫。女孩也算善解人意，看出来小林没有撒谎，就软下语气来说："如果你有些事情做不到的话，就先不要答应。"

小林就是因为太心急了，想给心仪的女孩留个好印象，反而事与愿违。有时候事情就是那么巧合，说不定你越不想在哪里出问题，哪里就偏偏有问题，所以，再怎么有把握，答应别人的话也要悠着说。

做人有的时候要留个心眼，不要为了显示你的热心肠和无所不能而着急答应对方。就算你知道对方请求的事情你做起来很容易，也不要把话说得太死，比如"没问题""看我的"之类的话一定要少说，这样的话反而可以多说几句："这件事一般来说没什么问题，不过我先看看情况再给你答复，好吗？"或者"我不确定我们公司里有没有什么其他安排，如果没什么别的事，我一定到。"

答应得太着急，如果事情有变，帮不了对方，往往会伤害双方的交情。维持良好的人际关系需要的不仅仅是热情，还有谨慎。

林志敏的大伯是某单位的档案科副主任。前几天，一个同学找她，说是自己的弟弟毕业了，需要找一个单位存放一下档案，问林志敏能不能帮个忙。

这个同学是林志敏在高中时的一个好朋友，林志敏当即就答应了下来，说是周末就去帮朋友办。朋友还说："你就帮着我问问你大伯，也别为难人家，实在不行就算了。"林志敏却说："没事的，你就放心吧，肯定没问题的。"林志敏心想，不就是暂时存放一下档案吗？大伯是档案科的副主任，眼看就要提正了，这点小事肯定没问题。再说了，他们单位之前一直都有一定的名额，专门供单位以外的人存放档案，这件事还不是小菜一碟。

于是，同学就放了心，直接将档案交到了林志敏手上，还请她吃了顿饭，然后就一门心思地等着她的好消息。结果，当林志敏找到大伯时，大伯却说："我们单位刚出台了新规定，不允许再接受外来人员的档案了，即使是像往年一样花钱存放都不行。你答应人家之前怎么不先问一问？"

当林志敏十分抱歉地把这个消息告诉朋友的时候，朋友显得很不高兴，隐隐约约还显露出怀疑林志敏根本没把事情放在心上的表情。

　　林志敏本来以为自己很有把握能够帮朋友的忙，可惜天不遂人愿，世事变幻莫测，不一定什么时候就来了个变化，之前一直以为有把握的事情也变成了没把握。要想避免这样的情况，那么一些事情就算你很有把握，也不要急着答应。凡事要看看情况，再帮助别人，就像林志敏的大伯所说的，答应人家之前先要问一问，这样即使事情办不成，对方也会感激你的付出，也不至于使双方的交情受损，给日后的交往带来障碍。

　　日常生活中，朋友之间相互帮忙，托人办事是常有的事。但一定要记得，许诺的话好讲，日后兑现不了难办。凡事先给自己一个考虑和缓冲的时间，不要急着答应。事情办不成，急着答应就会变得尴尬，显得自己没有信用；事情办成了，早答应晚答应都一样，何必火急火燎呢？

7. 开弓没有回头箭，尺度的把握极其重要

　　在我们身边似乎总有那么一些人，嘴如利剑，无论你做了什么他们都喜欢说上几句，而且说出来的话没个遮拦，往往让人难以接受。可是他们却不知道考虑别人的感受，也从不管心直口快带来的不良后果。

　　人与人之间原本没有那么多的矛盾纠葛，往往就因为有人逞一时之快，说话不加考虑，只言片语伤害了别人的自尊，让人下不来台，这时对方心中怎能不燃起一股火？

　　一个人如果正处在气头上，千万不要抱着不吐不快、尽情发泄的态度，要知道说出去的话，如泼出去的水，没法再收回了。所谓

开弓没有回头箭，说的就是这个道理，所以我们一定要把握好说话的尺度。

有一位老年人拿着一只酒瓶去店铺里打酒，但是卖酒的小伙子还没来得及接住酒瓶老年人就松了手，酒瓶掉下来摔破了。那位小伙子马上道歉说："老大爷，对不起！是我没有接好瓶子才摔破了，这是我的失误，我应当负责赔偿。"说完，他立即找来一个好酒瓶给老年人装酒。

那位老年人见小伙子连声赔礼，不但没有发火，反而自责地说："不要紧，是我没有递好！我回去重新拿一只来就是了。"

常言说得好："良言一句三冬暖，恶语伤人六月寒。"上文中的这位卖酒的小伙子，他在第一时间就向顾客道歉，短短几句话就使顾客的心里很温暖。他很好地把握住了说话的尺度，从而避免了一场纠纷，这样一件很容易引发争吵的事就圆满地解决了。

我们身边的一些朋友常常因为熟悉而大开玩笑，用这个方式来调节气氛，加深友谊。其实，身为朋友就应该了解对方的为人，什么玩笑可以开，什么玩笑不能开，应该心中有个数，不应该因为经常在一起而忘了应有的分寸。

说话不难，但是要把握好分寸把话说好、说得让人舒服却不是那么轻而易举的事情。在日常交际中，要特别注意与人说话时的禁忌，措辞要因人而异，因场合的变化而变化，否则尺度把握不当，为自己招致麻烦就得不偿失了。

俗话说"饭可以乱吃，话不能乱说"，说话也是一种哲学，太含蓄达不到目的，过激又容易引起矛盾，我们唯有掌握好火候、拿捏好尺度，才能成为说话的高手。

第六章

好好说话，就是知晓禁忌不越雷区

1. 吵得再凶，也别进行人身攻击

生活中，磕磕碰碰是难免的，因此我们经常能够见到邻里之间或者同事之间发生争吵。其实吵架并不可怕，比吵架可怕的是互相伤害。有些时候吵架也并非完全是坏事，朋友间适度的争吵，不但不会影响感情，反而会增进感情，起码也让对方知道了你生气发火的原因。但这种争吵不能上升为谩骂和人身攻击，那只会大大伤害彼此的感情。

郑老大和郑老二是一对亲兄弟，他俩都是典型的"70后"。按说两人到了 40 多岁的年龄，行事风格应该收敛一些，可两个人仍血气方刚，比年轻人还火暴。

2016 年 7 月，兄弟二人在酒桌上由于赡养父母的问题，一言不合吵了起来，随着争吵的声音越来越大，也不知是谁没克制住自己的愤怒，率先动了手。在扭打中，郑老二借着酒劲一拳打向了老哥的脸，最终导致郑老大掉落两颗牙齿。随后饭店工作人员选择报警，在警局里，郑老二并不否认自己打了人。

此后，经公安司法鉴定中心鉴定，郑老大的损伤程度属轻伤二级。郑老大气不过弟弟的行为最终将弟弟告上法庭，从此后二人关系决裂。

很多时候朋友之间在一起久了，很多小缺点都会显露出来，从而引发一些不愉快的矛盾和冲突。如果吵架时，两个人都互不退让，爆发激烈的争吵，只会让事情变得越来越糟。

如果吵架吵到双方都怒不可遏的时候，有一方能先冷静下来，不再继续火上浇油，一场"战争"很可能就会消于无形。

在一次演讲中，演讲者说："人们都羡慕我到了这把年纪还保持着良好的体形，我要把功劳全部归于我的夫人。25年以前我们结婚的时候，我曾经对她说：'希望我们以后永远不要争吵，亲爱的。不管遇到什么心烦的事，我绝不和你吵架，我只会到外面去走一走。'所以诸位今天能看到我保持着良好的体形，这是25年来我每天都在外面走一走的结果！"

都说中国人讲求凡事"一团和气"，即使是看不顺眼，也不会轻易发生正面冲突。长久以来，"吵架"一直被认为是下下策，很多人面对上司，不敢吵架；面对家人，不愿吵架；面对下属，不屑吵架。不论发生什么憋在心里，自我压制。

其实很多时候，与其过分压抑自己，造成沟通上的堵塞和彼此之间的不信任，还不如学会真诚而率性地"吵架"。在不恶意攻击他人、损害他人名誉的前提下，适当而直接地表达出对他人意见的异议，或者是对他人做法的批评，这样的"吵架"是可以被理解并光明磊落地进行的。

但是吵架也有禁忌，首先，不要在外人面前吵。朋友或亲人之间难免磕磕碰碰，但要注意，不在大庭广众之下争吵。有些问题在众人面前争吵，不但不能解决，反而会火上浇油。

其次，不要在对方脆弱时吵。如果对方正在生病，或情绪正低落，或正处在工作不顺的逆境中，你跟对方吵架、向对方兴师问罪，只会加深你们之间的矛盾。

再次，切忌口不择言说"绝交"。现实中，两个人从相遇到建立亲密的关系并不是一件容易的事情，"绝交"两个字不要轻易说出口。尤其在争吵的时候说"绝交"，由于冲动，难免会做出错误的选择，让自己后悔一生。

最后，吵架时切记不翻旧账，避免用"你总是……""每次……"这样的语句。

吵架为什么会越来越升级呢？经常是因为翻旧账，而且贴标签，说一些"你总是这样"的话，这也是双方吵架最愚蠢的行为。这样只会增加吵架的激烈程度，导致矛盾越来越深。

还有一点很重要，那就是不管什么时候，吵架都别动手，因为只要一方先动手，那么性质就完全变了。吵架时千万要管好自己的手，即便是在气头上也要有最起码的控制力。要知道有些时候，一个巴掌上去，也许打掉的是多年的感情，带来的是对双方的伤害。

2. 不要热情过度，让人避之唯恐不及

在日常生活中，无论是待客还是与人交往，我们要表现出足够的热情，否则就有冷落别人的意味。但是凡事都有一个度，热情过头了，就会灼伤对方，给自己的人际关系带来不利影响。

有很多人，常常不分场合，随意就向他人表现自己的热情。热情就像一团火苗，在带给别人温暖的同时，也可能灼伤对方。因此，

要表现得热情而友好，除了分清时间场合外，还必须把握好具体分寸，否则就会事与愿违，过犹不及。

史蒂芬毕业后找到了一份销售的工作，他这个人平时乐于助人，对每个人都极为热情。外出见客户的时候，没聊两句他就开始跟客户称兄道弟起来，如果是听说客户家里有什么烦心事或者麻烦事，他一定会帮忙出主意，给客户分析解决的方法，这时候往往会让客户很不好意思，甚至连跟他谈生意的心思都没有了。

史蒂芬不自知，在公司里也是同样，谁有什么事情他都第一时间赶过去，无论事情大小他都抢着做。开始大家都以为这个新同事人挺好，但是时间长了就开始受不了了，每天都要忍受着史蒂芬不停地问这问那，跟他见面没有十几句话是不能脱身的，但是史蒂芬又是好心好意，大家又拒绝不了，只好躲着他，有什么事情就悄悄地解决，生怕让他知道又出来帮忙。

时间久了，愿意主动和史蒂芬说话的同事越来越少，他不明白为什么自己热情地跟别人说话、帮忙而别人却不领情。

生活中与人相处既不能表现出冷漠，对待别人的询问或者关心默不作声，好像与自己无关一样，这是极度不热情，不可取；也不能过度热情，对待每个人都是一副深切关心的样子，热衷于别人的家长里短，或者在说话时喋喋不休，总是要说很长一大段才肯停止，这也是不可取的。

比如说，刚刚认识了新的朋友就极力邀请对方去自己的家里做客，若是对方推托还要不停地邀请，这样就会让对方很尴尬，因为虽说认识但是并不熟悉，去家里做客的事情虽是好心，但是要慢慢来，不能觉得一定要把自己的热情展现出来，对方不答应就不行。

"热情有度"之中的"度"字，就是要求我们在对待别人热情友好的时候，务必要切记，这一切都必须以不影响对方，不妨碍对方，不给对方增添麻烦，不令对方感到不快，不干涉对方的私生活为限。否则，就会让人产生怀疑和误解。

比如新进入一家公司，建立人际交往是必不可少的，见到新同事要学会说"你好""早上好"，等等。但是不要"过"，在"你好"之后又加上诸如"早上吃的什么啊""昨晚有没有睡好""中午去哪里吃饭"之类的话，这样的热情只会让人觉得尴尬，一来对你尚不熟悉，二来不理会又显得别人拒人千里，怎么做都不妥。

类似的情况还有很多，亲戚朋友、左右邻居之间都会有这种情况，把别人的事情揽在自己身上，或者热衷于跟对方谈论他的事，别人就会对你的热情产生一种防范心理，也可以叫厌恶心理。有时候过度的热情会让对方心里产生误解："他对我这么好，是不是有什么别的想法？"这样就得不偿失了。

要懂得保持一个交往的距离，无论和别人关系如何都要保留一定的空间，比如帮助别人倒一杯水，告诉他水的冷热就够了，不要再加上一些"这里的水质不好，我给你去楼下超市买一瓶"这样的举动。

有很多人都怕别人冷落自己，怕人际关系搞不好，于是便急于表达自己的热情，经常就是没话找话。但是，这个时候他却忽略了，人与人之间感情的培养是循序渐进的。俗话说："路遥知马力，日久见人心。"不到一定的程度，人与人之间的感情是不会变得深厚的。"揠苗助长"只会早早地让彼此的关系夭折。

正确的热情是别人需要你帮助时你帮助了，别人不好意思开口时我们帮助了也是热情，邀请熟人去家里做客是热情，但是过度的热情就好像是画蛇添足，将原有的好心好意给破坏掉，让我们的人际关系变得脆弱不堪。

所以，我们在与人相处的时候，一定要留有余地，过度热情，只会让对方产生疑问而且倍感压力，在一种轻松自在的环境中以一种淡定的心情话话家常，又何乐而不为呢？

3. 谦虚过度会给人没用的感觉

在中华传统文化的熏陶下，大多数人在社交中都喜欢谦虚，把很多荣耀或者露脸的事情藏起来不提。不可否认，谦虚是一种良好的品格，但是过度的谦虚就会让别人有一种异样的感受，比如你什么都说干不好，时间久了别人就很真的以为你什么都干不好，便不再关注你。

比如，领导把一个重要任务交给你去完成时，你却谦虚地说："这个我恐怕做不好吧？"这样领导还会放心地把任务交给你吗？当朋友把一件事情托付给你时，你却说："我恐怕做不好，我不敢保证能做好。"朋友又会怎么想呢？或者，当你出色地完成了一项重要任务，受到领导的夸奖时，你还说自己不行，领导会不会认为你是在怀疑他的判断力呢？领导会不会怀疑这项任务不是你完成的，或者其中有"水分"呢？

小韩毕业于某名牌大学自动化专业，而且有丰富的实习经验。

他去开发区一家外资企业面试时，招聘领导问他："你觉得自己能胜任这个职位吗？"

小韩谦虚地答道："现在我还不敢说自己能胜任，但是我保证会在工作中多向领导请教，多向同事学习，在实践中边干边学，积累经验。"

随后，招聘领导带着小韩到生产车间实地参观，看到先进的生产设备后，小韩显得有点惊讶，说："哇，这么先进的设备，我以前怎么没有见过呢？"他激动地对身边的领导说："如果公司聘用我，我一定珍惜机会，努力钻研这些先进设备和技术。"

可是小韩的愿望未能达成，他应聘失败了。小韩感到纳闷，就打电话去公司询问，招聘领导告诉他："我们招聘的人才，必须能胜任本职工作，要能立即派上用场，而不是招收培训生。"小韩从招聘领导的话语中领悟到自己的失误，但悔之晚矣。

李开复先生曾在上海交大演讲时说："自信过大了不好，谦虚过了也不好。这是矛盾的统一体……"

很多时候，谦虚并不是要我们躲在别人的后面，也不是不去争取属于自己的荣誉，如今的社会竞争日益激烈，没有人不喜欢有能力的人，那么如果一直将自己的能力隐藏起来，势必不会得到别人的认可。

无论在职场中还是在日常生活中，过分的谦虚就是一种自我贬低，会让自己失掉竞争力。在谦虚的同时，不能让自己的自信无形中受到影响。在谦虚的同时，要看到自己的优点，看不到自己优点的谦虚，不叫谦虚。

一次，一个德国著名企业的老总在一所学校的大礼堂演讲。这名老总很有威望，而且他是第一次来中国演讲。来听演讲的同学们，都听得很认真，有的人还做着笔记。大礼堂里面鸦雀无声，除了偶尔有热烈的掌声响起，就只有老总一个人的声音在回荡。

老总为此感觉很奇怪，心想：如果我是在德国演讲，同学们早就站起来对自己提问或者进行争辩了。现在不但气氛不活跃，而且除了自己在滔滔不绝地讲之外，没有一个人附和或反对，难道是自己的演讲很糟？

在演讲结束的时候，老总终于忍不住向同学们提出了一个很简单的问题，他期待着同学们踊跃地回答，可令他失望的是，大家因为谦虚，没有一个人站起来回答问题。这位老总心里想：只要哪位敢站起来回答我刚才提出的问题，不管他回答得对不对，我都会为他提供一个到德国深造的机会。

这时候，江文斌站了起来，说出了自己的答案。老总说："你的答案是错的。但你的回答为你赢得了一次出国深造的机会。"

德国老总此话一出，全场哗然。同学们都很后悔，如果早知道是这样的结果，自己就起来回答问题了，而且说不定自己的答案还是正确的呢。可是机会往往只有一次。最后，老总说："谦虚过度会给人没用的感觉，也许你们都知道正确答案，但你们因为谦虚没有说出来，我只能把这个机会送给这位同学了。"

在工作当中，不要把自己的才华和能力隐藏起来，要告诉你的领导你能够做到，让领导赏识你，这样你才有机会发挥你的才能。在公司召开的会议上积极踊跃地发言，提出自己独特、鲜明的观点；踏踏实实地做好工作，把工作做漂亮，然后让大家分享你做好工作的快乐。如果过于谦虚，不把自己的想法说出来，领导只会认为你是一个普通人。

每个人都应具有谦虚的美德，但是不要过分。正确的态度应该是：有能力就说"有"，没能力就说"无"；好就是好，不好就是不好；实事求是，千万不要忽视自己的优点。过分谦虚会让自己丢掉自信和别人的信赖，最终事与愿违，让自己失去竞争力。

4. 闲聊也别口无遮拦，避免话不投机

有人把闲聊看得很轻，觉得就是随便聊几句，说什么都可以。这种想法就错了，有的人闲聊能聊得很开心，最后越聊越高兴，而有的人则说上几句话，对方就不爱回应了。闲聊一怕没有话题，二怕话不投机。找话题就找对方感兴趣的，为了避免话不投机，首先要做到的就是不发表过分意见。

当我们面对一些事务的时候，先别急着口无遮拦地发表意见，对凡事都有一个保留的态度，这样就可以避免与对方产生对立。

在 2009 年举行的风尚大典上，因分别出演电影版和电视版《杜拉拉升职记》而颇受关注的徐静蕾和王珞丹成了当天的焦点。

当王珞丹上台领"年度风尚新晋演员奖"的时候，主持人李艾问道："你和徐静蕾所扮演的两个杜拉拉之间有什么区别？"身为电视剧女主角的王珞丹开始还想用电影和电视剧之间的区别来打一下太极，后来被逼急了，忍不住脱口而出："除了年龄上有区别以外，

其他都没什么区别。"这被很多人解读为她讽刺徐静蕾的年纪大了，话音一落，引起一片哗然，现场气氛极其尴尬。

直到典礼结束后，王珞丹还沉浸在刚才说错话的懊恼之中。当天晚上王珞丹左思右想要给徐静蕾道歉，还给韩寒发信息拜托他帮自己跟徐静蕾说一声，韩寒回她说"人家一定没担心"，但王珞丹却急得不行，等到韩寒把徐静蕾的短信转发给她时，王珞丹才终于释然。

在生活当中，我们的言语应该谨慎一些，可能不经意的一句话，就会把别人惹恼，说话像是不经过大脑一样，想到什么就说什么，几句话就能搞得不欢而散。

或许有的人认为，口无遮拦是一种单纯的表现，其实不然，这是一种愚蠢的行为，这么做的人要么会成为搬弄是非之人，要么会给人难堪，以致遭人忌恨。所以，如果你是个性格豪爽的人，一定要管好自己的嘴巴，注意说话的忌讳，不能口无遮拦，那样的后果只能是伤人连带害己。

白女士和赵女士是好朋友，赵女士属于那种大大咧咧的人，平时爱说爱笑，对什么都不计较，心里也装不住事。而白女士则属于敏感的人，什么事嘴巴上不说，但心里却计较得很。

一次赵女士看到白女士的老公和别人在一起吃饭，其中有一位漂亮女性，就在和白女士聊天的时候，开玩笑似的说："昨天，我看到你老公与那个漂亮的女客户在一起吃饭呢，你可要小心点啊。"

白女士听到这个消息，回到家就开始观察老公，越观察越觉得老公有问题，她终于控制不住，向老公开了火，说："我发现你与那个女人在一起。"

"什么女人？谁告诉你的？"

"我自己看到的。"

"我在外面做生意，当然要和女客户打交道，在一起吃饭也是正常的。"

"哼，仅仅是吃饭那么简单吗？"

"你爱信不信！"

……

两个人大吵一通，后来，白女士跑去向赵女士哭诉，没想到赵女士说："哎呀，我不过是开个玩笑，你怎么就当真了呢？那天我的确看到你老公与别的女人一起吃饭了，但是不只是他们两个啊，还有好多人呢。"白女士听了，心里非常不舒服，但又碍于面子，不肯向丈夫说出实情，结果使得夫妻关系闹得很僵。

虽然赵女士原本也是无心的，但是无意中却成了白女士夫妻二人的"感情杀手"。所以，你性格可以豪爽，那样会让人觉得你好相处，但是你的嘴巴却不可豪爽。要记住有些话不能说，有些话不能乱说。

闲聊是有技巧的，不问女性年龄，不问男性收入，这是最基本的。口无遮拦的人往往会因为这些没礼貌的话得罪很多人，比如人家不愿意谈论家庭方面的隐私，你却一个劲儿地追问，根本没注意到对方脸上不快的神情，自然就没法聊下去。

闲聊不在于说什么，在于怎么说。有些人闲聊永远都是"老三样"："你叫什么""你是哪里人""你做什么工作"。这种闲聊很容易"遇冷"，为了避免话不投机，可以改变一种方式。如将"你是不是在国外留过学"改成"你一定在国外留过学"，因为如果是第一种问法，对方的回答基本上都是有或者没有，除此之外很难再说其他了。但是采用第二种问法，对方就可能很惊讶地问"你是怎么知道的""你怎么这么说""那你说我在哪国留学"等问题。

尽管在聊很普通的话题，但是好的闲聊方式可以让双方都很舒服，对方不需要担心我们突然问出难以回答的问题，整个气氛都显得轻松愉悦。一个懂得说话之道的人在开口前会仔细考虑该不该说这句话，会考虑到对方的学历、性格等因素，再把话说出口，宁可没话题也不会因为口无遮拦而搞得气氛尴尬。

5. 朋友的秘密，最适合烂在肚子里

生活中，朋友之间总是会说一些"悄悄话"，当朋友把自己从不告诉别人的秘密告诉你的时候，你一定要替他保密，让这个秘密只有"你知，我知，天知，地知"，否则只会害人害己。

艾拉在父母眼中从小到大都是一个乖巧的女孩，但是了解她的人却都知道她是一个"大嘴巴"。如果对方以平常的心态和语气来说一件事，或许她很快就会遗忘掉，一旦对方神秘兮兮地说这事是"秘密"，那么艾拉泄密的心思就开始蠢蠢欲动了，不把它像接力棒一样传下去，就有点儿坐立不安。

艾拉有两个非常要好的朋友——雪莉和丽丝，大学毕业后她们两个人去了同一家公司上班。有一天，艾拉晚上下班的时候看见雪莉在自己公司门口等她，雪莉说自己刚发了工资，想请艾拉去中餐厅吃饭。艾拉想了想正巧自己晚上也没事，于是就答应了雪莉。席间，艾拉开玩笑说，这次怎么请我来吃中餐了？看来你奖金发了不少呀。雪莉笑了笑说："这次我和丽丝一起做成一个非常棒的项目，上面一次性发了 5000 元奖金。"艾拉习惯性地脱口而出："咦，昨天丽丝告诉我说，那个项目她得了 8000 元的奖金呀。"

话说出口，艾拉就后悔了，因为前一天丽丝在电话中告诉自己的时候说得很清楚，千万不要告诉别人自己拿了多少奖金。果不其然，艾拉说完，雪莉的脸色立马就变得难看起来，说丽丝心机太重了，居然一直骗她说两人的奖金是一样的。

后来，艾拉才知道，丽丝是因为在这个项目中工作出色，所以公司破格给了她 8000 元奖金。但丽丝怕伤害到雪莉的自尊心，才没告诉她。

这件事，使艾拉她们三个人多年的友情产生了无法弥合的裂痕。

与人交往，你要明白一个事实，朋友之所以将他的"隐私"告诉你，是基于对你的信任，对此你只有为他分忧解愁的义务，而没有把这件隐私张扬出去的权力。如果你不把保密作为一种义务，一种责任，而热衷于四下散播，把朋友的"悄悄话"公之于众，如果是无意间的泄露，尚情有可原，但也得真诚地向朋友道歉，否则，可能会引起不少人的风言风语，甚至歪曲事情真相，不仅不利于解决问题，相反还会把事情搞糟。

很多时候，在人际交往中，我们不仅要保存自己的秘密，也要尊重他人的秘密。

有一句话说："秘密若从口里出来，就已出了大门了，以后会遍于全世界。"不能保守秘密的人，只会令信任自己的人彻底失望。因此，我们对于别人的秘密，务必要守口如瓶。

美国《纽约时报》曾用大篇幅连载联合国前任秘书长安南的生平故事。其中提到，安南一开始是个不那么出色的小伙子，至少毕业的时候是那样的，进入联合国，他只能从最低的职位做起，而且，他常推诿一些工作，更不愿意过多接触直属上司。

可是，安南向所有人证明，他成功了，而秘诀正是别人言之凿凿的缺点。"是的，我不愿意太接近上司，更不愿意很好心地去完成上司要我去完成的事，因为一不小心，你会发现，其实那些事儿你不合适去做，或者说，你不应该知道一些不应该你知道的事情。"

远离别人的秘密，安南自始至终坚持这一做人原则，所以经过多年的努力，他从世界卫生组织的预算干事一步一步做到部门分部负责人、主任、助理秘书长，然后是副秘书长，最后到达人生的巅峰。

从最底层做起直至走到最巅峰，他比大多数人更了解联合国这一组织，而且他差不多了解了它的每一个方面。所以，有人表示怀疑，他难道从来不知道别人的秘密吗？当然不，有些秘密他必须知道，只不过，自始至终，从来没有人知道，他曾经知道过。即便他从联合国离任，与联合国再无瓜葛，他也很少提及那些他所看到的、听到的事件。

隐私本身也是一个相对而言的概念，同一件事情在你看来也许没什么，但是对你的朋友来说，意义就非同一般了。所以，你要懂得尊重朋友的隐私，不能因为你自己感觉让别人知道了也无所谓，就随意地散播出去了。

每个人都有点小秘密，如果你有幸成为这个秘密的听众，即使对方没有叫你保密，你也不能将之作为茶余饭后与别人的谈资。那是对朋友最大的伤害，你会从此失去对方的信任，而你们之间的关系当然也不会再回到以前那种无话不谈的地步了。

6. 谣言到自己这里就是最后一站

谣言的最大特点是传递的速度很快，所以谣言又称为流言。俗话说"好事不出门，坏事传千里"，而谣言的危害就更大了，所以对那些听来的，你心里没有把握的话，一定要让其止于自己。

2015 年 8 月 12 日 23 点 30 分，随着一声巨响，天津塘沽爆炸事件被各大媒体密集报道，牵扯着每一个人的神经，随之在微信朋友圈、微博上也引来舆论的"大爆炸"，"最帅逆行"消防员的背影令无数人感动，纷纷点赞。"我回不来，我爸就是你爸，记得给我妈上坟"的微信对话截图更使人泪水决堤而下。然而正当人们沉浸在伤感之中，解放军战士为下一步营救活动展开全方面策划的时候，无数谣言如落雪般纷纷而至，一时间充斥了微博，炸开了朋友圈。

天津塘沽爆炸事故发生伊始，一些微博账号、微信公众号编造、散布"有毒气体已向北京方向扩散""方圆一公里无活口""商场超市被抢"等谣言，制造恐慌情绪。还有人谎称亲属在爆炸中身亡，以"救灾求助"为名传播诈骗信息，谋取钱财。

特别是一些"网络大 V"恶意调侃，发布极不负责任的有害言论，造成恶劣社会影响。有吴姓"大 V"称"天津的爆炸已成为大规模杀伤性武器，堪称爆破界杰作"；有一位"大 V"将天津爆炸事故与广岛、长崎原子弹爆炸相关联，渲染恐怖气氛；甚至有人发布辱骂消防队员的言论，恶意配发血腥图片。

这让很多情绪激动、无法分辨事实真伪的人抱着"宁可信其有不可信其无"的心态纷纷转发这些谣言，甚至认为这样站出来说话是对国家的一份"责任与担当"，是对朋友和社会的一种"关心与爱护"。然而每个人都抱着这样那样的心理去传播谣言，加起来却是千千万万的影响力，这种力量一旦聚集便是一颗定时炸弹，危害不可小觑。

在国家紧急部署、消防官兵英勇救援之时，我们也许无法去现场贡献力量，但我们应该理性拒绝谣言，让谣言止于自己。

谣言大多来源于不负责任的传言，它是短命的。但是它能给造谣者的"一根舌头两片唇"换得一时之利，为了使谣言长时间地为人们所关注，造谣者有许多的恶事需要去完成；从长远来看，谣言一旦在社会上形成了一种风气，人们往往就会对流言蜚语乐此不疲，那么这个社会将到处充满了欺骗与虚假，真正的人性化的东西不能得到保护与弘扬，社会诚信也将陷入恐慌。

2015 年 6 月 1 日，濮阳市公安局网安支队网上巡查发现，微信公众号平台"微观濮阳"发布文章《太可怕了！濮阳县陈村幼儿园发生的惊人一幕，濮阳的家长得注意了！》，称"这些人贩子真是越来越猖狂了，今天下午小孩子放学的时候五个人来濮阳县柳屯镇陈村幼儿园偷小孩，幸好被村里的青年发现，抓住三个跑了两个了，在他们开的车里面有糖果饼干饮料还有刀，现在都来硬抢了，真的太可怕了！"并附有 10 张照片。

市局网安支队民警迅速对文章所述内容进行核查，发现该内容信息不属实，随即对微信公众号平台"微观濮阳"的管理员赵某进行询问，据其供述，她是在互联网上看到类似消息，在没有对信息的真实性核实的情况下，将信息进行了修改：一是将题目改成"太可怕了！濮阳县陈村幼儿园发生的惊人一幕，濮阳的家长得注意了！"；二是把陈村改为濮阳县柳屯镇陈村。

赵某把修改后的消息通过公众号平台发布，达到吸引网民眼球的目的。经调查，该文章被2000多人阅读，多人转发。6月2日，濮阳市公安局中院分局根据《中华人民共和国治安管理处罚法》第二十五条第一款规定，依法对赵某做出了行政拘留8日，并处罚款500元的处理。赵某本想发个朋友圈吸引一下别人的眼球，顺便刷一下自己的"存在感"，不承想却因为没有管好自己的手，乱发谣言，使自己付出了沉重的代价。

鲁迅曾说："谣言世家的子弟是以谣言杀人，也有因谣言被杀的。"无疑，一个正常的人一旦被谣言击中，其后果是不堪设想的。

我国清朝时频发"文字狱"，当时不正常的社会机制是谣言四起的重要原因。在那个时代，如果用手杀人必然会被处罚，但用谣言杀人却往往可以逃脱罪责，从而造成了大批虽坐不端行不正、善于造谣者不受惩罚反倒成了"君子动嘴不动手"的人——无论是为了出名，还是为了打击对手，都可以通过造谣这种卑劣的手段来达到自己的目的，有不少正人君子经"造谣公司"百般折磨后含恨而终或含冤离世。

在现实生活中，没有人不憎恨谣言，但很多人却难免相信谣言，并传播谣言。对事实一无所知，偶尔充当了谣言的传播者是难免的，在事实澄清后，能积极地制止谣言，也难能可贵。知道不是事实，却还去进行煽动，不是被人利用，就是另有图谋，别有用心。

7. "打人不打脸，说话莫揭短"永不过时

对于绝大多数的人而言，无论在任何场合，被别人点中自己的隐私、短处，都是件令人气愤的事。尤其是他人身上的缺陷，千万不能用侮辱性的语言加以攻击。

生活中，我们不要揭人之短，更不要触碰别人的痛处。别人有缺陷，或者家庭不幸，或者有其他的短处，心里已经很痛苦，不能再雪上加霜；不要"哪壶不开提哪壶"，不然，伤害了别人不说，别人记仇的话也不会轻易放过你，即使当时不进行还击，过后也会记恨你一辈子。

2016年国庆节，正是大家放松的时刻，林然与朋友小刘等五人在镇上一家海鲜大排档吃饭喝酒。几瓶啤酒下肚后，林然与小刘在酒精的刺激下开始各自吹嘘自己的"能耐"，小刘说自己在社会上朋友很多，林然则吹嘘说自己在很多老板眼里是多么有地位。二人互不服气，便开始互相奚落对方，小刘指责林然平时很抠门，还当着其他朋友的面抖出了林然十几年前因为偷窃坐过牢的不光彩往事，这让林然觉得非常尴尬，借口自己去卫生间离开了酒席。然而林然并没有去卫生间，而是直接来到了大排档附近的一家五金杂货店，购买了一把弹簧刀，然后不动声色地回到酒桌上。

待小刘起身敬酒的时候，林然抓住机会暴起伤人，用自己购买的弹簧刀将其割伤，然后在一片惊呼中快速离开了现场，当晚便购

买了去省城的火车票。然而天网恢恢，就在林然准备上车的时候，被及时赶来的民警抓获。

古时有所谓"逆鳞"之说，据说在龙的喉部以下一尺的部位上生有"逆鳞"，如果不小心触到这一部位，必会被激怒的龙所杀。动物尚且如此，何况是人呢？事实上，无论人格多么高尚伟大的人，无论多么宽宏大量的人，身上都有"逆鳞"存在，也就是我们所说的"痛处"，一般是缺点、自卑感及隐私。所以，为人处世不要触及别人的"逆鳞"。

俗话说"打人不打脸，骂人不揭短"。当别人出现错误时，我们指出来，目的是为了帮助别人认识错误并加以改正。但是，要把握时机和场合，让犯错的人心悦诚服地接受才行，切记不要让人家下不了台面。

小潘和小徐是工作以后认识的一对朋友，小潘觉得小徐为人大方，大家相处得也很愉快。但是相处的时间久了，小潘渐渐发现一个问题，小徐太喜欢开玩笑，玩笑开得无边无际，甚至拿小潘的隐私来开玩笑。

有一次，小徐喝醉了酒，想起失恋的事，心情不好。于是小潘就以亲身经历为例来开导他。结果，后来有一次大家一起吃饭，小徐就拿小潘告诉他的事情来开玩笑，弄得小潘很尴尬。后来，小徐的玩笑越来越没有节制，大家在一起吃饭的时候要讲，大街上遇到小潘也要挖苦几句，拿小潘的"个人问题"调笑一番。

最后小潘忍无可忍，小徐再次在大家面前调侃他的时候，他站出来说："小徐！对不起，你的娱乐方式我接受不了，请你认真考虑，好自为之！"

有句老话说的是"祸从口出"，将他人的隐私作为调侃的谈资，他人会认为你是故意揭他的老底，有意跟他过不去，就算你并无此意，可是搁不住听者有心，或许以后会对你恨之入骨。

说话谈笑的时候一定要把好口风，什么话能说，什么话不能说，什么话可信，什么话不可信，都要在脑子里多绕几个弯子。尤其不能拿别人的隐私开玩笑。这样做得罪人是小事，为自己惹来麻烦就得不偿失了。

8. 抬高自己不需要依靠贬低别人的方式

生活中常有与餐厅服务员过不去的顾客和把孩子骂得狗血淋头的父母。中国古代有个词可以用来形容这类人——"卑慢"，即表面傲慢，但内心自卑。这类人正是为了掩藏自卑，所以才表现得高人一等，爱指责，爱批评。

心理学家发现，自尊心较差的人更喜欢谈别人的缺点、贬低别人，因为他们觉得自己不如别人，只有把别人贬低到和自己差不多，甚至比自己更差的位置，心里才舒服。而另一些人即便不是有意这样做，也给人留下很坏的印象。

魏明诚是留美的博士，在国外也有工作经验，高学历加上高能力，让他成为很多企业争相聘请的热门人才。选择了一番，魏明诚进入了一家著名的国企，设想自己可以大干一场。可是，过了一阵子，他竟然备受冷遇，在单位沦落到几乎无事可做。这是他30多年的人生经验中从没有过的，搞得一向自信的他十分崩溃。

原来，魏明诚虽然能干，却有一个致命弱点，就是说话太直。当他看到别人的问题时，每次都是直言不讳地指出，对下属如此，对平级的人，甚至领导也是如此。他总是说"哎呀，你们这样做不行的""听我的吧，肯定不会错"。日子久了大家就觉得魏明诚是爱出风头，喜欢贬低别人抬高自己。虽然魏明诚说得都对，同事们也会按他的提醒进行改进，但是内心都很不满，背地里对魏明诚意见很大。

哲学家苏格拉底曾说过："谦虚是藏于土中甜美的根，所有崇高的美德由此发芽生长。而那些经常在言谈中夸耀自己，贬低别人的人，经常会遭受他人的冷眼和唾弃。"

一个会说话的人，总是会站在别人的立场去考虑问题，即便不能做到感同身受，也要做到推己及人。因此，我们在与人交谈时最忌自吹自擂、自以为是，说话谦逊有礼才能显示自己的教养和品德。

大学毕业后，恩静就职于一家非常有前景的企业。恩静被分去了企划部，在这里恩静见到了自己的上司黄雅雯。身为秘书的恩静在黄雅雯身边一待就是三年，可是随着两人共事的时间越来越长，恩静就越是会在外出谈业务时避开黄雅雯，不跟她一起吃饭，一起住宿，甚至想着法子躲开她。

事实上，黄雅雯家庭条件比较优越，她的丈夫在另一家公司当经理，薪资不低。而恩静就不一样了，男朋友工资还没自己高，而且还有房贷车贷，经济压力很大。所以一般逛街时，恩静都喜欢选择一些不那么贵的衣服，或者几乎就不进出高档商场。

可每次无论恩静穿着再漂亮、再得体的衣服，即便黄雅雯也很喜欢，她也会在得知价格后，冷冷地当着同事们的面炫耀说："我从来不买这样便宜的衣服，一看就质量不好，这种档次的衣服，我连看都不会看。"

每次黄雅雯都会这样说，这让恩静很无地自容，渐渐地恩静甚至感觉自己有些自卑。但考虑到黄雅雯是她的直属领导，她又羞于反驳，于是惹不起她，就躲着她。

我们在日常生活中不难发现这样的人，他们虽思路敏捷，口若悬河，但刚说几句就令人感到狂妄自傲目中无人，所以别人很难与他相处。这种人多数都是太爱表现自己，总爱逞口舌之快，以显示自己的优越感和别人的无知，以为这样就能获得他人的敬佩和认可，结果只会招人反感。

一个人是否会说话往往体现在跟别人相处时，不让人难堪，不让人自卑，不让人产生心理压力，也不会通过贬低别人，来抬高自己。

崔永元曾经呼吁观众和媒体要对艺人们口下留情，他说："我们骂一个人、挤兑一个人是很简单的事情，尤其是在微博时代，就算没名没姓，就算披个'马甲'，我觉得对他们都是伤害，因为他们在乎观众。有时候我去国外，我觉得他们对自己的艺人挺爱惜的，觉得出一个这样的人不容易，但是我们不同，我们挺爱糟蹋他们的，好像以这个为乐趣。"

言语是利器，也是祸害。有的人说话不分轻重，只要嘴巴一张，便是狂言乱飞，甚至通过贬低他人的手段，来显露自己的能耐。在人多的时候，他们更是不失时机地为获得浅薄喝彩而卖弄。实际上，言语能帮你也能害你，想要通过贬低别人来抬高自己的人，到头来只会摔得更重。

9. 道理越辩越明，关系越辩越远

留心我们周围，争辩几乎无所不在：一个小细节，一个特殊事件，某个社会问题都能引起争辩，甚至连一个人的打扮风格也能引起争辩。从某种意义上来说，不同见解的争辩过程正是寻求真理的过程。俗话说："镜子越擦越亮，真理越辩越明。"辩论，就是为了探求真理，坚持真理，维护真理而相互劝说。

然而，在争辩中，每个人都想推翻对方的看法，树立自己的观点，所以，争辩无可避免地带上了"敌意"，所以有"唇枪舌剑"一说。很多时候，争辩最容易使我们良好的交际愿望落空。

在人与人的交往中，越是亲近熟悉的人越容易相互争辩。为了一件小事争个黑白红绿，结果是双方都不服输，久而久之郁结于心，对彼此的关系造成不可弥补的慢性损伤。特别是在亲友关系、同事关系中，因为争论而导致反目成仇的事例比比皆是。

在娱乐圈中，明星之间有矛盾和不一样的看法是很正常的事，但是双方把矛盾放上台面并且在公众眼皮子底下针锋相对倒并不多见，能在节目上互相掐架更是少之又少。

《最强大脑》这档由江苏卫视推出的国内首档大型科学类真人秀电视节目，本该是见证选手们的超强能力的舞台，然而在 2016 年上演的第三季《最强大脑》却成了评委郭敬明和魏坤琳言语大战的一个擂台。

在第三期的节目中，郭敬明和魏坤琳因为对选手挑战打分的观点不同而产生争执，不过这已经不是两人第一次在舞台上争吵了，早在第三季最开始的两期节目中，郭敬明就已经和魏坤琳开始有意见上的分歧和矛盾，但是并没有这一次这么严重。

直到第三期的播出，魏坤琳和郭敬明在争吵的时候，魏坤琳一时气愤说和郭敬明吵架像是在和女人吵架，引起了郭敬明极大的不满。两人间的火药味极为浓重，评委陶晶莹更是直呼"不要再吵了"。

随后，魏坤琳也意识到自己之前言语不当，向郭敬明道歉，并提出他可以用爆灯来"狠狠地打击自己"，而郭敬明全程表情淡漠、不为所动，拒绝按下爆灯键。选手离场后，陶晶莹劝说二人要包容，"让犯错的人懂得认错，去让失去机会的人有下一次机会"，魏坤琳也趁机再次向郭敬明道歉，甚至走下座位希望握手言和。就在全场满怀期待两人可以如愿"化干戈为玉帛"时，郭敬明却出人意料地起身摆手表示拒绝，表情冷漠地转身离开，全场气氛一瞬间跌至冰点。

世界上有许多不愉快都是由无意义的争辩造成的。很多人为了一些很平常的小事争辩，为此双方针锋相对、唇枪舌剑，甚至不惜撕破脸皮，去攻击对方。这种争辩所导致的慢性精神折磨，不要说他们自身，就算是旁观的人都会觉得难以接受。

为什么要证明对方是错的呢？那样并不会使他喜欢你。为何不给他留点面子？你为什么要和他争论？无论你和对方讨论的问题有多么重要，无论你觉得你的观点有多么正确，争辩的时候，你都会无意中把对方当作敌人来对待。谁会亲善自己的敌人呢？对方自然会疏远你。

梁欣宜从小是个个性强、不服输的人，正是由于她的"强悍"作风，大学时她就已经开始做买卖了。她从摆小摊开始做起，吃了不少苦，等到大学毕业三年后，她已经成了一家公司的老板，是一个名副其实的女强人。

但是正是因为梁欣宜强悍的个性，她和公司里的员工相处得并不是很好。梁欣宜公司里有个业务骨干叫周庆峰，因为个人能力强，和客户谈起生意来，总能够迅速拿下单子。

有一次，周庆峰因为一时大意，将两个公司的资料弄混了，结果在与客户谈生意的时候出了岔子，生意没谈成。周庆峰不想让老板知道是自己犯了低级的错误而把生意谈吹的，只推脱说是自己身体不太舒服的缘故。

梁欣宜很不高兴，找来周庆峰就开始指责他的不是，还拿着那两份弄混的资料摆在桌子前面说："你看看！明明就是资料弄错了，你非要狡辩说是你身体不好，现在证据都摆在眼前，你还有什么好说的？"

心高气傲的周庆峰一看，觉得非常难堪，就对梁欣宜说："资料弄错了值得这么大惊小怪的吗？"

梁欣宜还是不松口："明明是你把资料弄错了，这么小儿科的错误你也犯，还找别的借口，你还想不想干了？"

这下子，周庆峰彻底火了，顺着梁欣宜的话说："不干就不干！

我早就想走了！"说着，就出去了。第二天，周庆峰果真过来收拾了东西办了辞职，梁欣宜这才有了悔意，埋怨自己不该把话说得太绝。

如果梁欣宜能够不这么强硬，非要与下属争论个是非曲直，也不会失去这么一个得力能干的员工。所以说即使是对下属，也要注意不要常常与之争辩，争辩只会带来敌意。对待上司，更加要注意，不要轻易将双方的关系弄僵。

有一位辩论大师曾说过：天下只有一种方法，能得到辩论的最大胜利，那就是尽量避免辩论，避免辩论，就像避开毒蛇和地震一样。与人争辩是最吃亏不讨好的说服方式。"以爱解仇，仇必消之；以恨止怨，怨则深矣。"无论你辩与不辩，真理总是颠扑不破的，时间会证明一切，何必急着收获一时的胜利呢？俗话说："好言一句三冬暖，恶语伤人六月寒。"永远不要试图用争论使对方同意你，"辩论赛"上没有胜者，争辩永远产生不了亲厚的关系。

第七章

好好说话，就是巧妙赞扬不溜须拍马

1. 遇物加钱，逢人减岁

在日常生活中，有一些赞美他人的技巧非常简单，但又是非常实用的，如果能够经常恰当地使用它们，一定会为你的人际关系的融洽度增色不少。例如，大家常用的"遇物加钱"与"逢人减岁"，意思就是物往贵处说，人往年轻讲。

购物是我们每个人生活中再平常不过的一种行为。人们日常购物的普遍心理是自己能够用"廉价"购得"美物"，通常那些善于购物的人都具有用低价买好货的本领。

但是，即使不是购物的精明人，也会希望自己能做精明人才能做的精明事，即使自己不是善于购物者，但还是希望自己的购物能力能够获得别人的认可。

也就是说，一个人购买了一件商品，自己花了 80 元，别人却认为只需 40 元就可以买下时，购物者一定会有一种失落感，觉得自己太不会买东西。与此相反，一个人花了 40 元买了一样东西后，别人认为需要 80 元时，购物者就往往会有一种兴奋感，觉得自己很会买东西。正是这种心态的存在，"物往贵处说"这种说话技巧便有了用武之地。

梁楠买了一套样式挺不错的西服，曲颖知道市场行情，这种衣服两三百元完全能够买得下来。于是曲颖便在猜测价格时说："这套西服不错呀，至少得花四五百元吧？"梁楠听后非常高兴，笑着说：

"你没想到吧，我花 200 元就买下来了！"

这里曲颖的说话方式是很有技巧性的。他在并不知道梁楠花了多少钱买下这套衣服的情况下，故意说高衣服的价格，从而令对方产生成就感，当然会使对方高兴啦。

"物往贵处说"这个方法很能讨对方欢心，而操作起来又很简单，你只要对对方购买的东西的价格高估就可以了。当然价格高估也要注意，首先你要对商品的价格心里有底，其次是不能过于高估，否则效果也好不到哪里去。

我们都知道，在生活中，很多人都希望自己能够永远年轻，不要过早地老去。所以，大部分人对自己的年龄是非常敏感的，这其中，女人对年龄的敏感程度是最高的。试想一下，你明明是一位刚刚 30 岁出头的小伙子，却被别人叫作中年人了，你的心里面能高兴吗？或者你明明是 20 岁左右的年轻女孩，却被中学生叫作阿姨，你的心里会是什么滋味呢？

出于成年人普遍存在的怕老心理，"逢人减岁"这种说话技巧便有了讨人喜欢的市场。这种技巧的特征在于把对方的年龄尽量往小处说，从而使对方觉得自己显得年轻、保养有方等，进而产生一种心理上的满足。例如，一位 30 多岁的人，你说她看上去只有 20 多岁；一个 60 多岁的人，你说她看上去只有四五十岁，这种"美丽的错误"，对方是不会认为你缺乏眼力，对你反感的。相反，她会对你产生好感，形成心理上的相容。如此，你又何乐而不为呢？

当然，我们要特别注意的是，"逢人减岁"这种技巧通常只适用于成年人，尤其是中老年人。假如面对的是幼儿或少年，我们用"逢人添岁"（把对方的年龄往大处说）的技巧效果会较好，因为他们往往有一种渴望长大的心理。

其实物往贵处说，人往年轻讲，说白了就是投其所好。当然，我们的出发点是光明正大的，"投其所好"，无论是对自己、对对方还是对社会，都是没有害处的，相反，这种说话的技巧往往能给对方、给社会带来欢乐。对于这样的"美丽的错误"与"无害的阴谋"，大家又何乐而不为呢？

赞美本就是说人好话，让人开心的行为，所以，会说话的人在赞美别人的时候，一定要注意投其所好，要挠到对方的痒处，才是行之有效的赞美。如果你不能较好地应用这种技巧，那么就从"遇物加钱，逢人减岁"开始，也不失聪明之举。

2. 赞美从他人得意之事入手

在现实生活中，每个人都有自己希望被别人夸耀、赞美的地方，那就是他的"痒处"。赞美对方的"痒处"的接近法，使用得最多的人群是公司里的业务人员。通常，赞美对方"痒处"的接近法就是业务人员利用人们希望别人赞美自己的心理，来达到接近顾客的目的。

孙敬是一个专门推销各种食品罐头的推销员，他此次的任务是要拿下本市最大食品商场的订单。于是，他找到了负责人马经理。

见面后，孙敬说："马经理，我去过好多次你们的商场，不愧是本市最大的专业食品商场，无论是商场的布局，还是卫生方面，都给人很舒服的感觉。尤其是商场的工作人员，都非常耐心，百问不厌，看得出来，您为此花费了不少心血。"听了孙敬的这一席话，马经理不由得连声说："谢谢！谢谢！做得还不够，请多多指教，请多多指教！"他嘴上这样说，心里却是美滋滋的。

不可否认，虚荣心是人性的弱点，所以喜欢听别人赞美也是绝大多数人的天性。不管谁在听到别人的赞扬时，心中都难免会产生一种莫大的成就感和满足感。但是，赞美别人，要先瞄准别人最想让别人称赞的地方，再采取行动。因为只有这样，才是最有效的赞美。

清朝学者俞樾所著的《一笑》中提到"俗以喜人面谀者曰'喜戴高帽'"，意思是人们把喜欢当面受他人奉承的人说成是"喜欢戴高帽"。

书里有一个故事，说是有个京城的官吏，要调到外地上任。临行前，他去跟恩师辞别。恩师嘱咐他说："外地不比京城，在那儿做官很不容易，你应该谨慎行事。"

官吏说："没关系，现在的人都喜欢听恭维，我准备了100顶高帽，见人就送他一顶，不至于有什么差错的。"

恩师一听这话，很生气，用严厉的口吻教训他说："我反复告诉过你，做人要正直，对人也该如此，你怎么能这样？"

官吏说："恩师息怒，我这也是没有办法的办法。要知道，天底下像您这样不喜欢戴高帽的能有几位呢？"

官吏的话刚说完，恩师就得意地点了点头："你说得倒也挺有道理。"

从恩师家出来，官吏对别人说："我准备的100顶高帽，现在仅剩 99 顶了！"

在生活中，大多数人渴望被赞美的地方，一般都是他自身最得意的方面，因此只有我们了解对方的得意之事，才能够更好地说出赞美之词。

另外，我们需要记住的是，所有赞美的言语说到最后都是给别人听的，因此当我们要赞美物件时，最好与对方挂上钩，如果你只是称赞东西有什么特色，是无法突出对人的赞赏的。要紧紧盯住对方的学识、能力和品位进行称赞。

例如，当我们到朋友家里做客时，看到客厅墙上有一幅山水画，我们往往会情不自禁地赞许道："这幅画真不错，给这客厅平添了几分神韵，显出了几分雅致，谁买的？眼力可真好！"也许，这句话只是我们不经意间随意说出来的，但我们的朋友会感到很欣慰，心中的滋味一定很不错。

与新朋友初次接触也可以这样做。一番寒暄过后，身旁的一切都可以成为话题。可以对接待室的装潢设计赞叹一番，还可以具体地谈及一下桌上、地上或是窗台上的花卉或盆景等，这些花卉和盆景造型如何新颖独特，颜色种类等又是如何搭配得当，甚至还可以对它们的摆放位置用"恰到好处，错落有致"一类的词语来形容一番。

当然，赞美能挠到对方的痒处固然重要，同时切不可忘记，自然而诚恳的赞美才更能深入人心。所以，诚恳的态度是关键。只有态度诚恳，我们的赞美才能显得自然，别人才会对我们的赞美感兴趣，我们才能获得理想的效果，否则只会闹出笑话。

一位先生听说，外国人非常喜欢他人的赞美，特别是外国的女人，最爱听人们夸她们漂亮。所以有一天，当他去超市，迎面走来一位体型富态的妇女时，这位先生习惯地说："哦，女士，你是我见过的最美的女士。" 不料那位外国妇女白了他一眼，不满地说："先生，您是不是近视？"

这个例子告诉我们，赞美，就是要让对方从我们的话中领会到肯定、理解、欣赏和羡慕。但如果赞美不当，就如隔靴搔痒，即使找到了对方的痒处，也起不到什么作用。瞄准别人最想让你称赞的地方进行赞美，效果最好。

3. 肯定对方取得的成绩就是最好的赞美

肯定别人的成绩是人们在人际交往中，不可或缺的赞美手段。你如果能由衷地肯定别人的某项成绩，就会使对方产生亲和心理，交流起来就很顺畅了。所以，说话高手懂得在赞美一个人的时候，从他取得的成绩和成就入手，这样效果往往会比较好。

一个人的成就得到别人的肯定，他就会感到自我价值得到确认，荣誉感得到满足，就会对你产生"自己人"心理。心理学家证实：心理上的亲和，是别人接受你意见的开始，也是转变态度的开始。

张乐嘉的公司最近准备推出一系列的新产品，因此需要做一系列的广告，来宣传公司的新产品，所以近日以来有许多广告公司的人来找他谈广告业务。

某广告公司的业务员王卫彬这天也来到了张乐嘉的公司。他一进张乐嘉的办公室看到墙上挂着公司的标志就说："哟，你们公司的标志设计得真不错呀，不仅看上去给人一种很有活力积极奋进的感觉，而且越看就越觉得它意味深长。"王卫彬这样开始了他的谈话。

"是吗？这是公司刚成立时我亲自设计的。"张乐嘉的自豪感油然而生。说罢，他不无炫耀地向王卫彬介绍了公司标志的设计比例、色彩调配以及它的内涵，他的兴奋之情，溢于言表。

不用说，王卫彬顺利地谈成了与张乐嘉公司的广告业务，他既达到了目的，也给了张乐嘉一种心理上的满足。

王卫彬成功的诀窍，就在于他了解对方。他从张乐嘉公司的标志入手，巧妙地赞扬了张乐嘉所取得的成就，使张乐嘉的自尊心得到了极大的满足，并把他视为知己。这样，张乐嘉公司的广告业务也就自然非王卫彬莫属了。

人向来都是很注重外界对自我的评价的。成绩被肯定这种正面的外界评价，有助于创造良好的交流情境和交谈情绪，就也是人们在赞美别人时所希望达到的效果。

美国管理专家查尔斯·施瓦布被认为是一个钢铁业的管理天才，他在当时的年薪为100万美元。但事实上，查尔斯·施瓦布自己这样认为："我认为我所拥有的最大财富是我能够激起人们极大的热情。要激起人们心目中最美好的东西，其方法就是去鼓励和赞美他人的长处。"

施瓦布的秘诀就是在公开或私下的场合，赞美别人。赞美可以使人奋发向上，促使一个人走向光明的路程，是一种促人前进的动力。在交谈中，真诚地赞扬和鼓励，能满足人的荣誉感，能使人终生难忘。

美国作家马克·吐温说："一句好的赞词，能使我不吃不喝活上两个月。"他这句话的内在含义，就是指人们时常需要他人的赞扬。

有家造船厂建造的军舰在 27 天内完工，造船场里所有的纪录都被打破了。老板召集造舰的全体工作人员发布一篇庆功的演说辞，并且赠送给每人一枚银质奖章和总统的一封慰问信。最后他转向监造人，从自己的袋子里掏出个金表，亲手交给他，作为一个小小的纪念。人们被调动起了巨大的热情，只因为老板肯定了他们的成绩！

英国首相丘吉尔曾说过一句话："要人家有怎么样的优点，就怎么赞美他！"这句话说明了赞美所具有展的惊人效果。

对别人的成就说一句简单的赞美话，实在不是一件难事，只要你愿意并留心观察，处处都能发现对方值得赞美的地方。你满足了别人的荣誉感，别人自然不会怠慢你，相信以肯定对方成绩来赞美别人的你，一定会取得意想不到的效果。

4. 赞美的话不是越多越有效

在人际交往中，几乎所有的人都喜欢听赞美的话，这是人的本性所决定的，但不一定所有赞美的话让人听了都心生欢喜。譬如，没完没了的赞美，好听的话语一句接着一句，刚开始对方或许会很高兴，但是说话的人如果不知道及时刹车，对方就会对这种溢美之词产生抵触心理。

赞美的尺度掌握得如何，往往直接影响赞美的效果。我们要记住，恰如其分、点到为止的赞美才是真正的赞美。使用过多的华丽辞藻，过度的恭维、空洞的吹捧，只会使对方感到不舒服，不自在，甚至难受、肉麻、厌恶，其结果只会适得其反。

销售员白丽雅和公司销售经理去请一位重要客户一家人吃饭，去之前，销售经理细心嘱咐她不要冷落了客户的家人。

白丽雅把经理的嘱托牢牢放在心上，席间，经理和客户在一旁谈生意聊天，白丽雅就有意跟客户的妻子和孩子离得近些。

聪明的白丽雅想到，爱美是每一个女人的天性，如果把客户的妻子夸得高兴了，那么一定对销售业务有帮助。于是乎，白丽雅开始跟客户的妻子套近乎，一会儿说她的披巾好看，一会又夸她的头发柔顺，接着就是夸她的皮肤、皮包、衣服、鞋子，总之是把客户的妻子从头到脚夸了个遍，好像天底下再也没有像她那样的美女了。

然而白丽雅却没有注意到客户妻子满脸的尴尬，说话已经明显减少。十几分钟过去了，白丽雅见没得夸了，于是就去称赞客户的孩子："这孩子多么机灵可爱，多么聪慧可人，多么懂事呀！"简直快说成了神童。客户的妻子听完之后，只得不停地说："白小姐过奖了！过奖了！"

白丽雅还继续打算说些什么的时候，突然客户的孩子不耐烦地吼道："你呱啦呱啦地说个不停，太烦人了，别说了，我不想听，我不想听……"白丽雅尴尬极了，客户的妻子见状赶紧把孩子叫到身边哄个不停，但是孩子似乎不太愿意听她妈妈的话。正在白丽雅不知所措之际，孩子突然扭过头指着白丽雅说道："我讨厌她，讨厌她！"这下糟了，白丽雅根本没想到会惹出这么大的麻烦来。

当客户的妻子带着孩子出去玩的时候，白丽雅分明瞥到经理愤怒的眼神。果不其然，当天晚上回公司之后，经理就严厉地训斥了她，并告诉她，这个客户以后不用她插手了。

虽然大家都喜欢被称赞，但是如果你用一连串的赞美轰炸对方，恐怕对方只有想逃跑的愿望。赞美就像一道美味的甜点，如果你给对方一小块品尝品尝，他会觉得味道甜美难忘。一旦给多了，对方会吃腻吃撑，最后只会有想吐的感觉。

意大利剧作家哥尔多尼曾说过："过分的赞美会变成阿谀。"在生活中，当夸奖或赞美一个人时，有时候稍微夸张一点更能充分地表达自己的赞美之情，别人也会乐意接受。但如果过分夸张，你的赞美就脱离了实际情况，会让人感觉到缺乏真诚。这就好比一个五彩缤纷的气球，无论它多么漂亮，可如果吹得太大就会爆炸。赞美就如吹气球，应点到为止，适度为佳。

汉高祖刘邦在一统天下后，有一次与韩信谈论起了诸将的才能高下。刘邦问道："你觉得我能指挥多少兵马？"韩信如实回答："依我看，陛下最多只能指挥 10 万兵马。"刘邦听后，又不动声色地问道："那么韩将军，你认为你能指挥多少兵马？"

韩信哈哈大笑回答说："当然是越多越好。"此时刘邦的脸上已经不见丝毫笑意，他语气有些不悦地问："既然你带兵的本领比我强，那么为何屈居我手下只当个将军呢？"韩信一脸真诚地说："陛下不善于领兵，但善于驭将，这是我愿意追随您的原因。"

刘邦沉思一下，最后笑着转换了话题。韩信的话无可反驳，因为在此之前，刘邦自己也说过："韩信可以统一指挥百万军队，战无不胜，攻无不克，论带兵打仗，我不如韩信。"这是他做了皇帝以后对自己的评价。

可以说，在这次言语试探的交锋中，能够让韩信转危为安的因素，正是韩信恰如其分的赞美。因为在刘邦当上皇帝之后，韩信与刘邦之间的关系已很紧张，如果他此时违心地恭维刘邦，说刘邦调兵遣将无所不能，恐怕刘邦不愿意听，甚至会怀疑他在吹捧、麻痹自己。

因此，韩信在肯定了刘邦驾驭大将为自己效命的能力的同时，又指明了他在带兵作战方面与自己相比有不足之处，这也正与刘邦以前的自我评价相吻合。韩信话说得很实在、很坦诚，刘邦不但不怒，反而很满意。

常言道"瑕不掩瑜"，在生活中当我们在赞美别人时，也可以适当地指出对方的缺点和不足，这不仅不会影响你赞美的力度，相反，还会使你的赞美显得真诚、实在，易于为人接受。

5. 背后赞美别人更显诚意

人的天性使得人人都喜欢被赞美，那些对自己的赞美和夸耀能让人的自豪感和虚荣心得到极大的满足，并对赞美者产生亲切感，继而拉近彼此间的心理距离。但话怎么说，需要讲究方式方法，背后赞美就是一个能产生奇效的好方法。

2015 年，电影《寻龙诀》在无数观众的期待中上映，上映仅仅一周，票房就突破 10 亿元人民币，片中主演黄渤也从"50 亿影帝"晋升为"60 亿影帝"，这个称号，代表着他身上积累的票房成绩，有着"喜剧大师"之称的周星驰更是赞誉黄渤为"喜剧王中王"，那段时间里黄渤的风头可谓一时无两。

随后，有媒体在电视节目中采访黄渤，当聊到对自身位置的看法时，黄渤阐述了一个颇具哲理的看法——"最好的人生是做第四名"。

黄渤说："你自己也清楚，比你能力强、理解力强、表现能力强的人有的是，你知道自己的短板在哪儿，也知道自己的长处在哪儿。有的演员自己带了个人魅力，有的是沉淀下来的力量。比如说李雪健老师，他真的就是融进去了，用骨血在演戏，那个魂儿飘在角色上，真的是挺难的。还有陈道明老师，他技术也很好，你也知道他在设计在做，但是他演得就好，他的个人魅力足够把你牢牢摁在那儿。国外更多，还有很多这样的好演员。"

主持人接着问黄渤："你曾经说过'陈道明那样的生活才叫生活'，那是什么生活？"

黄渤回答说："你能了解，他自己的节奏把握得特别好。你很少见到他出席各种活动，你也知道大家对他的认可，他自己有自己的生活、朋友圈子，有自己可以施展事业的空间，而且有文化，最起码他是一个喜爱阅读的人，这就特别好。他对生活空间的安排、对松紧度的调节，会让你觉得还挺羡慕的。"

在一来一去的聊天中，黄渤真诚地表达了他对两位资深实力派表演艺术家李雪健老师和陈道明老师的赞扬与佩服之情。这样的话，从黄渤的角度来说，是真心实意的表达，同时说明他也有自己在专业领域的偶像，体现的是他在表演艺术上的追求方向之一，也让人看到了他对前辈的礼貌与尊重，表明他是个谦逊有礼的人。

在背后称赞别人的优点能起到事半功倍的作用。当你希望与某个人建立友好的关系时，不妨多在背后赞美他。当你在背后赞美别人的优点时，如果被赞美者听到你的赞美，他会觉得你是发自内心地赞美他，而不是因为有什么目的，因此会自然地对你产生好感。

杜嘉宁在一家外企的采购部工作，她的上司阿雅是一个与她年纪相当的女孩，工作能力十分出众。有一次，阿雅检查之前联系厂家定做的办公用品，觉得十分不满意，无论材质、款式、色彩还是质量都比合同中要求的低一个档次。而送货的厂家代表却认为他们所生产的东西是按照当初的标准定的，没有问题。阿雅并没有对送货人员大声斥责，而是用自己的方式将这件事圆满地处理了。

事后，目睹了全程的杜嘉宁在午餐时对同事很自然地说："阿雅姐真是厉害，一下子就把事情解决了。什么时候我能像阿雅姐那样有能力、有魄力就好了！"

过了不到一个星期，阿雅将杜嘉宁叫到办公室，微笑着问她："你愿不愿意接一个非常难做但是很锻炼人的项目？"杜嘉宁非常惊讶，要知道，她之前做的都是一些打杂性质的工作，这次的机会真是一个惊喜。她连忙说："您信任我才会考虑让我做这个项目，如果我接了这个项目，一定全力以赴！"

杜嘉宁离开办公室之前，阿雅开玩笑道："放开胆子干，有什么不懂的就问我，多锻炼锻炼，你也能像我一样有魄力！"杜嘉宁这才知道上司培养自己的原因。

我们知道，世上没有不透风的墙，当你在别人面前说上司的好话，不必担心上司听不到。杜嘉宁把话说在了上司的背后，上司却听到了耳朵里，不但因为杜嘉宁的赞美心中愉悦，还觉得杜嘉宁是一个有上进心的员工。

总之，赞美是一门学问，其中奥妙无穷，在第三者面前赞美对方是最有效的方法。这会让对方认为那是认真的赞美，毫无虚伪，于是真诚接受。如果被赞美者是你的下属，他会深受感动，以后会更加努力工作，以报答你的欣赏；如果这个人是你的上司，他会对你更加信任，也会对你刮目相看；如果这个人是你的朋友，他会在深受感动的同时，认定你是他应该深交的朋友。

6. 赞美与奉承有区别

希腊有句谚语："很多人知道如何阿谀，只有少数人才懂得赞美。"赞美会令对方产生好感，从而使相互之间的关系融洽，这一作用是不言而喻的。但是我们应该清楚一点，赞美并不是拍马屁，赞美也不等同于阿谀奉承。

因此当我们与人打交道时，我们口中说出的赞美的话一定要真诚，要发自内心，同时也要注意分寸。要做到有的放矢，千万不能盲目吹捧对方，以博得对方的好感，否则可能会适得其反。

某博物馆派出某馆员招揽橱窗广告业务，这位馆员专程赶到当地一家制鞋厂，稍加浏览，就大包大揽地与厂长谈生意。他自以为是，颇为认真地手指厂房里展示的各类产品，夸奖一遍："这些鞋子，款式新颖，美观大方，如果与我们博物馆合作，广为宣传，一定会提高知名度的！然后就会畅销全国，贵厂生产也会蒸蒸日上啊！"

馆员本以为厂长听了会很高兴，结果厂长不动声色地答道："谢谢你的话。可惜你指出的这批鞋子全部是落后于市场供求形势的第七代产品，现在我们的第九代产品正在走俏、热销。"

仅此两句话，就令这位馆员无话可说了。这位馆员的话没有说到点子上，让厂长觉得这样的话一听显然是外行话，和他们合作也没什么前途，不如趁早婉拒。厂长将这位馆员不得章法的话视为花言巧语，从而在心理上筑起了防线。

于是，一个眼前的客户丢了，一桩即将完成的生意砸了。

在交流中，对他人的赞美一定要实事求是，这样对方才会感到高兴。例如我们称赞一位老板，我们可以说他能干，有才华。可是如果这个老板经营不善，公司将要倒闭，我们如果再像之前那样夸他有身份、有地位，那可就是马屁拍到了马蹄子上。

赞美与阿谀有实质的区别。赞美是真诚、热情的，是出于实在的感受，不掺杂任何不良的居心；同时，赞扬是对别人的优点和成绩的充分肯定，是为满意别人对尊敬和友好的需要，给别人以精神上的鼓励和支持。而奉承别人则是出于某种打算，巴结讨好别人。正如卡耐基所说的："奉承是从牙缝中挤出来的，而赞美是发自心灵的。"

在生活中，我们也许会经常需要说一些恭维的话，但是为了防止自己的话流于奉承，我们一定要显得诚恳且心里坦然。只要心里坦然，在愉快和谐的谈话中，你会得到满意的答复。

有一位销售人员向一家货运公司的大老板拉生意，始终没什么进展。

有一天，这位销售员又来见这位老板，说："虽然我每次和您谈生意都没有谈成，但是我还是继续拜访您。您知道为什么吗？"

他顿了一下说："因为每次跟您谈话，都让我收获不小。"

这位销售员还请教这位大老板对于货运事业的一些看法，因为他说得很诚恳，接下来的谈话就十分顺利，最后还谈成了一笔生意。

这位销售员的经历很能说明问题。为了推销自己的产品，他去拜访货运公司的大老板，前几次一直碰了钉子，可后来却获得了成功，就是因为他合理地运用了美誉推崇的言语策略。他清楚地知道这位老板在货运方面是个行家，就毕恭毕敬地去请教对方在这方面的知识，表达了自己的仰慕之情，使这位老板意识到这是一种他人认可自己的荣誉，心里一高兴，就畅谈起他自己对于货运事业的看法，两人遂成知音。

在这件事情上，推销员赞美了老板的才能，并不是阿谀奉承，而是一种发自内心的赞美，这种赞美是建立在自尊自爱的基础上的，效果往往也比阿谀奉承要好得多，因此他也成功地打开了交际的大门，与这位老板建立了融洽的人际关系，预期的目标也就顺利地实现了。

也许有人认为专门说赞美的话，是厚颜无耻的拍马屁行为，因而耻于为之。事实上这都是粗浅的认识，在潜移默化中赞美别人、恭维别人，这些都是人际交往中不可缺少的润滑剂，何况这种美丽的言辞又是免费供应的，如此于人有利、于己无损而多益的事，又何乐而不为呢！

7. 想要他怎么做，就把他标榜成什么样的人

　　意大利的一位地产大亨比埃尔要在市中心修建一座摩天大楼，但在筹建资金上至少还缺 500 万美元。为此比埃尔出入多家银行，但都没有贷到这笔巨款。

　　无奈之下比埃尔只得先开工建楼，直到所剩的钱仅够再造一层楼的时候，比埃尔约一家银行的主管一起吃饭，求他帮忙，但银行主管对比埃尔说："吃饭的时候谈生意不是很方便，明天到我的办公室来，咱们再细谈吧。"

　　比埃尔断定这家银行是很有希望给他抵押贷款的。第二天比埃尔来到银行主管的办公室说："好极了，相信应该不存在什么问题，今天我就要拿到贷款了。"银行主管听后笑笑说："你一定在开玩笑，我们从来没有一天之内就能拿到贷款的先例。"

　　比埃尔把椅子拉近一些说："你是这个部门的主管。也许你应该试试看你有没有足够的权力在一天之内把这件事办妥。"

　　对方微笑着说："你这是给我出难题，不过，还是让我试一试看。"

　　通过这个银行主管和比埃尔的共同努力，本来他们以为办不到的事终于办到了，比埃尔也在自己预定的时间内拿到了这笔贷款。

　　卡耐基说过："你希望对方怎么做，就要先把他标榜成什么样的人。而如何把这一想法变成行动，就要看成功男人的恭维手段了。"

会说话的人在交谈的过程中往往会运用一些贴切的恭维话，别人听了舒服，并且自己又不会太掉身价，所以说恭维话是处世的一门重要功课。

对别人说出得体的恭维话每个人都应该能做到。比如年轻人寄希望于自身，上了年纪的人希望自己的子孙能有出息。和年轻人交谈，如果你能找出他身上几个特点可以说明他日后的成绩不可限量，那么他在听你说完以后一定非常高兴，引你为知己，你如果称赞他父母如何了不起，他未必感到高兴，反而会觉得是自己带着父母的光环才能够在社会上立足，心里就未必那么舒服了。

大名鼎鼎的卡耐基在小时候是一个捣蛋大王。在他九岁的时候，他的父亲把他的继母娶进家里来。当时他们家是穷苦家庭，他继母的家庭却非常富有。他的父亲向他的继母介绍卡耐基说："亲爱的，以后你可要小心了，卡耐基是我们全郡最调皮的孩子，我对他是没有任何办法了。说不定明天早晨以前，他就会拿石头扔向你，甚至做出一些更坏的事。"

令人惊讶的是，继母微笑着走到卡耐基面前，托起他的头认真地看着他。接着她回头对丈夫说："你错了，他不是全郡最坏的男孩，而是全郡最聪明最有创造力的男孩。只不过，他还没有找到发泄热情的地方。"

这句话让卡耐基的心里暖洋洋的，眼泪几乎滚落下来。而恰恰就是从这一句话开始，他和继母开始建立友谊。也就是这一句话，变成了卡耐基奋斗的动力，使他日后创造了成功的28项黄金法则，让许许多多的人走上了致富和成功的道路。

而在他继母到来之前，没有一个人称赞过他聪明，在他父亲和邻居的眼里，他就是个坏男孩。但是，仅仅就靠着继母的这一句话，便改变了他一生的命运。卡耐基 14 岁时，继母给他买了一部二手打字机，并且对他说："亲爱的，我坚信你会成为一个作家的，不是吗？"卡耐基接受了继母的礼物和期望，而且他还试着向当地的一家报社投稿。他了解继母的热忱，也很感谢继母的心意，他亲眼看到她用自己的热忱改变了他们的家庭。所以，他不愿意辜负她。

这股温暖的动力激发了卡耐基的想象力，更使他的创造力开始爆发，帮助他和无穷的智慧发生联系，使他成为著名作家，也使他成为 20 世纪最具影响力的人物之一。

一个善意的恭维，甚至可以影响一个人的一辈子。不管我们是不是与之关系亲密，不管我们是不是有求于人，切忌嘲笑别人，给人家一个小小的恭维又何妨呢？一句话而已，而且我们也会因此而快乐的。恭维是一朵甜蜜的蔷薇，可以给对方缺少自信的心理带去一丝芬芳，除去心头的痼疾，矫正行为上的错误，鼓舞信心，点燃其向善的勇气。

生活在社会当中的每个人都希望自己能够得到别人的恭维，都希望自己的优点被所有人知道，都希望自己能够成为别人崇拜的对象。得体地恭维别人，可以提高自己的修养，可以提高别人的信心和动力，可以让人们的关系更加融洽。

8. 请教的姿态，是让别人最受用的赞美

很多人都有"好为人师"的心理，所以，在许多时候以低姿态，

有针对性地去请教他人，可以起到赞美他人的作用。恰到好处地使用此种方式，既成功地赞美了别人，又能给人留下虚心好学的好印象。

如果你所请教的，正是对方引以为自豪，并最感兴趣的地方，自然使对方高兴，使其心理得到满足，此时，就算之前有什么问题也就不成为问题了。

谦虚的请教是一种最有力的恭维。谦虚的请教会抬高对方的心理地位，让对方有心理满足感。请教是在告诉对方，我认为你比我强很多，以至于我必须要请教你这方面的问题。所以，虚心地请教等同于高超的赞美，有时候不妨把自己变得"外行"一点。

张杰和赵祖玉是生意上的伙伴，私下里也是交情不错的朋友。有一次，张杰被赵祖玉请到家里做客，这是他第一次到赵祖玉家，进门环顾了一下赵祖玉家的房子，他说："老赵，我到过不少人家做客，但是从来没有见过装修得这么精致的客厅，你能给我讲讲你怎么装修的吗？"

赵祖玉微微一笑说："这是我亲自设计的，确实很多地方和别人家的不一样。当初装修完成的时候，我喜欢极了，可是我的工作太忙了，一直没来得及仔细看看这个房间。"

张杰走到墙边，用手在木板上一擦，就知道这是质地优良的英国橡木，却装作不知道地问赵祖玉："这是什么木料？意大利橡木？""确实跟意大利橡木有些相像，"赵祖玉高兴得站起身来回答说，"不过不是，那是从英国进口的橡木，是我的一位专门研究室内装潢的朋友专程去英国为我订的货。"

张杰又询问赵祖玉："那你一定对英国橡木很了解了？快给我传授传授！"赵祖玉欣然答应。

他们愉快地谈了一个下午，最后赵祖玉兴奋地对张杰说："上次我在日本买了几张椅子，放在了走廊里，风吹日晒，都脱漆了。昨天我刚刚上街买了油漆，打算自己把它们漆好，你有兴趣看我的油漆手艺吗？"

不论何时，要记得收敛自己的锋芒，把"什么都懂"让给别人，这就在无形中，让对方感受到他的渊博和重要，让他自己感受到这些字眼，比你直接说出来效果好得多。

当你有求于对方的时候，你也可以用这种请教的赞美方式，让对方自己将内心展示出来，之后你就可以采取一些"攻心术"，让对方高高兴兴地走进你甜蜜的"圈套"。

蔡煜是一个准备在学术领域有所建树的人，他说不上多出名，却认识许多学术界的泰斗，并常常得到他们的指点。

有很多人也曾拜访过这些大师，但往往谈不了几句便无话可说，很快被"请"了出来，而他竟成为大师们的座上客，其中自有奥秘。好奇的朋友问及他们之间的相识过程，蔡煜说那是缘于赞美运用得法。

蔡煜和其他一些人一样，也很仰慕这些大师，他得知拜访这些人机会难得，成为座上之宾更是不易。于是，每次拜访一位初次见面的专家之前，蔡煜都要做功课，他先将这位大师的生平履历弄清楚，再将大师的专著和特长仔细研究一番，并写下自己的心得。

等到见面之后，蔡煜会先赞扬对方的专著和其学术成果，并提出自己的想法。由于他谈的正是大师毕生致力于其中的领域，自然也就激起了大师的兴趣，并有了共同话题。谈话中，蔡煜会提出自己不理解的地方，请求大师指点，在兴奋之际大师自然不吝赐教，于是蔡煜既达到了结交的目的，又增长了许多见识，并解决了心中存在的疑惑，可谓一举多得。

蔡煜就是一个把赞美隐藏于请教之中的高手。我们在谈话的时候，也要懂得随时将自己的身段放低，用请教的方式让对方打开话匣子，同时也打开对自己的心防。

比如，赞美一位公司老板经过艰苦奋斗获得成功，不必当面说他的各种不平凡的经历，只需要向他请教："您企业经营得这么好，您个人成功的秘诀是什么？"他就会向你诉说一些你或许早就已经知道的经历，你不用多花费口舌，就能够达到相同的目的。再比如，向一位女子请教她穿衣打扮的技巧，比奉承她漂亮更能讨得她的欢心。

直白的赞美或许会让人不以为意，甚至产生戒心，而请教让对方觉得比自己高明，受到自己的仰视和崇拜，是把赞美以含蓄的方式做到了极致。

作家拉罗什富科曾说："赞扬是一种精明、隐秘和巧妙的奉承，它从不同的方面满足给予赞扬和得到赞扬的人们。"同理，请教无疑也是一种精明、隐秘和巧妙地赞美，学会这一招，你会越来越如鱼得水，一帆风顺。

9. 与其重走老路，不如独辟蹊径

如果你面对的是一位非常漂亮的女性，想说一些赞美之词，却仍旧说一些夸其如何如何美貌绝伦的陈词滥调，对方也许并不见得多领你的情，因为老调重弹往往引不起她多大的兴趣，如果能找出她不易为人所知的优点，则往往可以使对方感到意外的惊喜。

对于那些锦上添花式的赞美，有时候并不能引起对方太大的喜悦。因为这些优点大家都知道，平时早就被夸赞惯了，所以这些话很难让人觉得意外与兴奋。反之，如果能独辟蹊径，则往往会有意料之外的收获。

著名作家三岛由纪夫的作品《不道德教育讲座》中有一位将军，身经百战，功勋卓著。可是他对于有关他作战方式的赞誉却不甚在意，有一次，有个人称赞他的胡须非常漂亮，他便大为高兴。

这种心理是每个人都有的。或许在大多数人的印象中，赞美军人当然应该从战绩出发，但是，不论在这方面怎样赞美他，也只是众多赞歌中的一支重复的曲子，陈词滥调不会使他产生更好的感受。然而，如果你对他军事才能以外的地方加以赞赏，等于在赞词中增加了新的条目，他当然会感到新奇而满足。

赞美别人要善于从小事着手，于细微之处见高下，注意赞美对方不为人所知的优点。一个人无论在某一方面多么优秀、多么有名气，他总有一些容易被忽视的小闪光点被大光环埋没了，赞美这些小的闪光点他会觉得你足够真诚。一个人无论他怎么差劲，也会有一两个值得赞美的优点，只要你善于发现。例如一个年轻的男子或许个子较矮，但在篮球场上非常灵活；或者一个女孩相貌不漂亮，却有一双纤细修长的手。

赞美别人的时候也需要有点小小心计，要善于抓住这些不易为人所知的地方对其加以赞美。也许有的人根本不在乎这些小优点，但只要你发现了，你的赞美一定会使对方心情愉快。

独具慧眼的赞美者善于发现别人留意不到的优点、长处。比如，面对书法家的一幅字，大部分的人都会这样赞美："这字真是太绝了！""我再练十年恐怕也赶不上！"而书法家对这样的恭维早就习以为常了。会说话的人会这样说："常言说，字如其人。您的这幅墨宝运笔沉稳，透着您严肃正直的秉性，这和您多年的人生历练以及对人生的深刻思考是分不开的。"这样的赞美与众不同，巧妙地换了个新角度，令人耳目一新。

夏菲年纪轻轻就接手了父亲的企业，是一位优秀的管理者。又到一年毕业时，公司招了一批新员工，都是刚毕业的大学生，可是夏菲却发现其中有一个人刚开始工作就开始偷懒耍滑。他不但早上到岗到得晚，上班时间还偷偷干自己的私活，老是和周围的同事聊天侃大山，工作完成情况也马马虎虎，而且情况越来越糟糕。不过，夏菲也从中发现了他的优点，就是沟通能力特别强，非常有想法。

不辞退他，影响不好，辞退他，又可惜了这个人才，夏菲决定面对这个问题。下次开每周例会的时候，夏菲点名指出这个爱偷懒的新员工，但一句批评的话也没说，只是说："李杰，看得出来你非常聪明，口才也很好，如果你能够更加努力的话，我相信你会有更为出色的表现。"

新员工李杰一听，就知道夏菲所指的是什么，但是夏菲的赞美还是令他非常感动，因为大家从来都是嫌他油腔滑调，没有人说过他聪明、口才好。此后他把自己耍小聪明偷懒和与同事逗乐的本事都用在了应对客户上，很快他就有了一批固定客户，工作越做越好。

就像夏菲一样，有的时候我们需要从细处着手，查找别人没有人注意过的优点，加以诚挚的赞美。别人会因为你的仔细观察而感动，也会因为你别出心裁的赞美而惊喜，自然对你的赞美照单全收。

肤浅的赞美只会让人感到乏味与空洞，受到你赞美的人也产生不了荣耀感，并会因为你与他人千篇一律的话语而产生不安和困惑；而见解深刻、独特的赞美让人觉得你看到了问题的实质，你确确实实对被赞美者产生了认同感，而被赞美者也对你的一双慧眼抱以信赖，产生了与你积极沟通与交流的愿望。

总之，关于对方的赞美之词，对你来说即使十分新鲜，也应避开那些陈旧的话题。对方表面上也许付之一笑，内心却十分厌烦。赞美的时候要学会独辟蹊径，发现一些别人难以发现的优点，大大赞美他不易被人察觉而又最想被人称赞的一面。

第八章

好好说话，就是懂得掌握批评的分寸

1.先褒后贬，不要让批评成为负能量

批评是批评者对受批评者的不恰当思想和言行给予的否定的评价，以唤起他们的警觉，去努力改正自己的缺点和错误的一种方法。

批评若是运用得当，会帮助别人改正原来的错误观念，或消极的做事方式，但若运用不好，负面效应可能大于正面效应，不但不能解决问题，还会使彼此的关系陷入僵局。

刘强和董方奇是很好的朋友。刘强个性很独立，却没什么技能，因而常被董方奇批评。董方奇说："你为什么不自己找份工作来养活自己呢？""你不觉得你太懒了吗，懒惰是个坏习惯，会让你变得堕落的！""刘强，你看看你都干了些什么，你都已经24岁了，还是一事无成！"

刘强刚开始很不服气，后来也不再反驳，默认了董方奇的批评。以后，每当董方奇批评他的时候，刘强都会不发一言地走开。

为了不被董方奇看扁，刘强决定离开家去外面闯闯。这让董方奇很高兴，还以为这是他的批评有了效果。然而，事情并没有那么顺利。在外漂泊的刘强找工作屡屡受挫，渐渐迷失了生活的方向，交上了一些坏朋友，打架酗酒，时间一长，坏习惯慢慢地积累起来，刘强竟然变成了藏毒贩毒的罪犯。

董方奇去关押刘强的监狱探监的时候，心里非常难过，但是他还是认为，刘强是因为太不求上进，所以才走上犯罪的道路的，于是他准备好好劝说他几句。而这时刘强却先开口了，他说："你不要再批评我了，我已经受够了。你每次都会批评我，可是我也需要关心，需要鼓励。你明白我的感受吗？"

汉斯·希尔是一位著名的心理学家，他说："太多的证据显示，我们都不喜欢受人指责。"如果你总是喋喋不休地指责一个人，那么他就会不知不觉往你说的那个坏方向上走去。频繁的批评足以使任何人意志消沉，即使最好的朋友也不例外。

许多事实证明：因批评引起的愤恨，常常会使被批评者情绪低落、做事没有精神，而对于应该改进的状况，却一点作用也起不了。所以，当你要指责别人的时候，千万别让你的批评成为负能量。

批评是一把双刃利剑，既可以救人，也可以杀人。当你好心拿起这把剑去救别人时，你恰好用到了这把双刃剑的杀人一面，你最后极有可能获得的结果是使对方更加消极，或者让对方越来越反感你。不过，要是你能巧妙地提出批评，用到了剑的救人一面，便会使局面皆大欢喜，你的人气也会随之提升。

单纯的批评或许会让人失去信心，丧失继续前行的勇气，而加上适当的赞美，就好比在苦药里加糖一样，让人容易喝下去。一个企业家说过："不要光批评而不赞美，这是我严格遵守的一个原则。"批评之前先将对方的优点指出来加以肯定，接下来的批评也就容易让人接受。适当的肯定，能够将批评的双刃剑杀人的一面包裹起来，避免对方受到大的伤害，同时也能达到教育和促其改正的目的，可谓一箭双雕。

约翰·卡尔文·柯立芝是一位以少言寡语出名的美国总统。他常被人们称作"沉默的卡尔"。柯立芝有一位女秘书，她非常漂亮，但是工作时却有些粗心，经常出错。

一天早上，秘书走进办公室，柯立芝对她说："今天你穿的这身衣服真漂亮，正适合你这样年轻漂亮的姑娘。"这几句话出自以沉默著称的柯立芝口中，简直让秘书受宠若惊。

柯立芝话锋一转，又说道："但是，你也不要骄傲，我相信，你的公文也能处理得和你一样漂亮。"从那天起，女秘书在工作中很少出错了。

一位朋友知道了这件事，就问柯立芝："这个方法很妙，你是怎么想出来的？"柯立芝得意地说："这很简单，你看见过理发师给人刮胡子吗？他先给人打上肥皂泡沫，为什么呢？就是为了刮起来不会让人疼。"

当面指责他人，只会引起对方顽强的反抗，而巧妙地暗示对方注意自己的错误，则会受到爱戴和喜欢。在开始批评别人之前，要先真诚地赞美对方，然后再开始批评，往往更有效。

就像和暖的阳光比肆虐的北风更容易让人将大衣脱下来，赞美和肯定永远比批评更为有效。

2. 心里再怒，也要保持温和的态度

每个人的自尊心都很强，所以我们在批评别人的时候一定要注意不能损害他人的自尊心，哪怕你的动机是好的，你也有充足的理由批评对方。如果想让对方乐意接受你的批评，不如换一种温和的方式，委婉地把你的意见表达出来。

要知道"良药未必全苦口，爽耳忠言更利行"。批评别人的时候，好的动机、美妙的言语，再加上温和的态度，才能最大限度地达到让对方改正错误的目的，同时还能得到人们的尊重和喜爱。

其实，一般来说，人们都能接受正确的批评，不能接受的只是批评的方式和方法。所以，在进"忠言"时一定要有个温和的态度，使对方能够接受和乐于接受，然后在言语里多放些糖，就能使批评的话不"逆耳"。

如果要评选"第四季《好声音》最受欢迎导师"，新导师周杰伦当之无愧。节目上，周导师不仅被学员多次"表白示好"，就连其经典歌曲也在学员选歌时很"受宠"，比如第一期就有学员陈梓童献唱了改编版的《双截棍》。而在盲选收官战中，有两位学员分别将《菊花台》和《印第安老斑鸠》"改头换面"搬上台。

擅长改编的张昢在复活赛中选择了周杰伦的《菊花台》闯关，这首浓墨重彩的中国风歌曲被张昢唱得"民俗感"极强，原唱周杰伦对这样的改编感到"啼笑皆非"。"《好声音》有两种人，一种是唱歌让人感动的，你不是属于这种。你是属于让我印象深刻的，你刚刚唱歌有一种很'敷衍'的感觉，给大家欢乐。"周杰伦用"敷衍"来评价貌似批评，但下一句又话风一转变成表扬，"周式评价"究竟什么意思看来还是要观众看节目时自己判断。

温和的批评态度让对方觉得更容易接受，虽然仍旧是批评，但是却以润物细无声的方式悄悄地打动了被批评者的内心，如果你的地位比对方高，就更容易让对方心怀感激。

每个人都希望别人能够顺着自己说话，批评的时候也不例外，一个温和的态度让人如沐春风、心情愉快，自然会欣然接受。在工作中的批评要温和，在家庭中也不能因为熟悉亲密而太过随便，像下面这位丈夫，就非常懂得温和的批评之道。

有一对夫妻共同生活了几年之后，丈夫发现妻子在家务方面越来越粗心，相反，对看电视、上网、看流行小说之类的事反倒越来越感兴趣，而且把大量的时间用在这些闲事上。

一天晚饭后，丈夫问妻子："晚上准备做什么呢？"

"看电视呀，你没注意到吗？那部连续剧演到最精彩的部分了！"

"看完电视以后做什么？"

"嗯，我想想，对了，新买的那部小说还没看完，我想继续看，另外我还要上博客写一点儿感想。"

"这些事办完之后，你能不能帮我做点事呢？"

"好啊，什么事？"

"给我准备一双不带灰尘的鞋子和一件不缺纽扣的衬衣。"

妻子一听就笑了，她立刻认识到自己的错误，并向丈夫道歉："真对不起，亲爱的，我忽略了你。"随即起身为丈夫打理衣物。

这位丈夫可谓是非常善于运用批评的技巧，他先耐住性子，询问对方要做的事情，再以委婉的口气将家里的家务没有做好的事实指出来，造成既好笑又有责备意味的幽默效果，使对方听后不觉刺耳，从而顺利地接受了他的批评。

批评他人的时候，如果我们换一种方式，把冷冰冰的、带有怒意的语气变成温和的、委婉的语气，对方就会觉得自己受到了尊重和关爱，当你给他摆事实、讲道理的时候，他自然会心悦诚服，真诚地接受你的批评。

3. 批评别人时，场合很重要

　　在公共场合或者是熟人面前批评别人，会使对方感到"面子"受到了伤害，增加他的心理负担，影响批评的效果。比如，妻子在客人面前批评丈夫，不论她说的话是否在理，丈夫都会感到在客人面前大大地丢了面子，甚至认为妻子是在通过羞辱他而达到自我的满足，那么他肯定不会接受批评的。含蓄的批评应该是在私下里进行的，在批评的语气上也应该是含蓄的。比如，要对方改正错误，用请求的语气说："请你做一些修改好吗？"如果说："你马上给我改正过来！"对方肯定不愿意接受。

　　雷霆军是一家工程公司的安全协调员，他的任务就是每天在工地上转悠，提醒那些忘记戴安全帽的工人遵守规定。开始的时候，他表现得非常负责。

　　每次一碰到没戴安全帽的人，他就会大声批评，看到他们一脸的不高兴，他又会说："我这还不是为你好，对你负责，对你的家人负责？"工人表面上虽然接受了他的训导，但满肚子不愉快，觉得在工友面前失了面子，常常在他离开后又将安全帽拿了下来。

　　后来，他听从一位经理的建议，决定改变一下方式。于是，当他再发现有人不戴安全帽时，就问他们是不是帽子戴起来不舒服，或有什么不适合的地方，然后他会以令人愉快的声调提醒他们，戴安全帽的目的是为了保护自己不受伤害，建议他们工作时一定要戴安全帽。结果遵守规定戴安全帽的人越来越多，而且也不再像以前那样出现怨恨或不满情绪了。

中国人向来都讲究面子，如果领导在公开场合批评员工，会使员工感觉很没面子，员工甚至会对领导有意见，造成关系紧张。其实员工在听取领导批评时，更多的是关注同事对自己的看法。我们也常常看到有很多领导会在会上点名批评员工，其实这种做法是不妥的，缺乏人性化，在众多员工面前批评一位员工，不但会打击士气，更会打击人心。

其实，批评对任何一个人来说，都是一件令人难为情的事情，如果当着好多人的面，更会让人感到尴尬，甚至受到伤害。实际上，批评的真正目的并不在将对方批评得体无完肤，彻底地打败对方，而是为了纠正对方的错误。那么，批评的方式和场合就显得尤为重要。如果我们不分场合地批评对方，被批评者只会怪罪于你，甚至会对你进行反击，来证明他的正确，维护他的自尊，而不会反躬自省、承认错误。

当有人犯了错，尤其当他自己已经知道错了，如果你还当众指责他的过错，那么一定会使事态扩大，甚至会为你们之间的关系蒙上阴影。相反，如果你能够以温和的方式低调处理，那么他一定会认真改正，并会对你心存感激。

有些人会在人多的时候，不顾一切地去批评别人，比如会说："你彻底错了，当初如果你听我的话……"他的话就等于在说：我比你更聪明。这实际上是一种挑战，由于不给面子，被批评者的反击也会毫不留情。

当别人犯了错的时候，不要将门大开着批评，也不要高声地叫嚷着好像要让全世界人都知道一样。这样在错误的场合说错误的话的行为，难以指望会收获好的结果。

4. 使用暗示批评法，避免正面冲突

错误是一个人的痛脚，如果不管三七二十一直接地揭露出来，会让对方下不来台，规劝对方的目的达不到，还会恶化双方的关系。所以，我们有必要用暗示的办法将批评巧妙地进行下去。

有些人可能不明白，错误就是错误，又怎么能暗示呢？如果自己不明说，对方岂会明白。事实上，暗示能够让对方意识到错误，每一个人都有判断是非对错的能力，即使你不明说，他也大概知道自己是不对的。因此，只要我们稍加提点，对方就可以清楚地明白自己的过错。

战国时，齐景公非常爱马。一天，一匹他最心爱的马突然死了，齐景公非常伤心，不分青红皂白，非要杀掉马夫以解心头之恨。众位大臣一起劝阻齐景公不可为了一匹马而杀人，而齐景公因为爱马之死非常痛惜，谁说也不听。

这时，国相晏婴排众而出，群臣都以为晏婴也是出来劝诫齐景公的，但是谁也没有料到，晏婴却声音洪亮地说："臣以为，这个可恶的马夫，该杀！"齐景公一听晏婴赞同自己，显得十分高兴。这个时候，晏婴来到了捆绑那个可怜的马夫的柱子前，要向众人历数马夫的罪过。

晏婴用慷慨激昂的语气说："你可知你有三大罪状？你没有看好马，让马突然死了，这是第一条死罪；你让马突然死去，却又使得国君非常恼怒，这是第二条死罪。"听晏婴陈述马夫的前两条死罪，齐景公的心中非常舒服。

但是，晏婴突然话锋一转："你惹怒国君因一匹马杀死你，使天下人知道我们的国君爱马胜于爱人。天下人都会因此而看不起我们的国家，这更是死罪中的死罪，所以你罪当问斩！"

听完晏婴诉说马夫的第三条罪状，齐景公顿时敛住了笑容。晏婴则装作没看见，大声吩咐宫廷侍卫："来人，按国君的意思，将这个罪大恶极的马夫推出去斩了！"这时齐景公如梦初醒，赶紧说："且慢！"又对晏婴道："国相务必息怒，寡人知错了。"

众大臣直接劝谏，齐景公皆不采纳。而晏婴没有正面批评齐景公，却达到了劝谏救人的目的。可见用暗示的方法去批评别人，的确效果非凡。暗示既能给人留面子，还能让对方更深刻地意识到自己的错误之处，批评的结果更为有效。

一个穷人，应邀到朋友家做客，可是这位朋友的招待实在太差劲了，仅仅给他喝了几滴米酒。临走时，他恳求主人在他的左右两边腮帮子各打一个耳光，又解释说这样做为的是让他的老婆看见他两腮通红，以为他吃饱喝足了。

这位穷人没有直接批评朋友的吝啬，而是使用暗示的方法，让对方明白自己没有吃饱喝足，批评对方招待不周。有些时候，一些批评或指责的"真话"无从开口，不如幽默地暗示对方一下，既保全了双方的颜面，又能达到目的，可谓是最佳方案。

罗西尼是 19 世纪著名的意大利作曲家。有一次，一个作曲家带了份七拼八凑的乐曲手稿去向他请教。演奏过程中，罗西尼不住地脱帽。作曲家问："是不是屋里太热了？"罗西尼回答说："不，我有见到熟人脱帽的习惯，在阁下的曲子里，我碰到那么多熟人，不得不连连脱帽。"

对于这位求教的作曲家东抄西抄的乐曲手稿，罗西尼显然非常不满，但他没有点破对方的抄袭拼凑，而是用富于幽默的"不住地脱帽"的动作和"碰到那么多熟人"的解释，暗示了自己尖锐的批评意见，这种批评虽不如直说那般鲜明尖锐，但它生动形象，且耐人寻味，为人保留了面子的同时还富于讽刺意味。

无独有偶，鲁迅先生也曾对许广平的一篇论文《罗素的话》作评价："拟给90分，其中给你5分（抄工3分，末尾几句议论2分），其余的85分给罗素。"这也是暗示了许广平的这篇文章自己独创的内容太少，委婉地批评了她。

要想批评一个人而又不伤感情，不使双方因为一件小事正面起冲突，就可以用讲故事、正话反说或幽默的方式间接暗示对方，提醒其注意自己犯的错误。暗示的方法避免了正面冲突，给了对方一个台阶，带有幽默感的暗示批评更让人接受起来非常轻松，这比直接的教训和斥责要高明许多倍。

5. 不要在领导面前随意评价同事

"你觉得跟你一起工作的小刘怎么样？""小张最近表现怎么样？"……在职场上，领导常会在私下里问你一些这样的问题，从表面上看，领导是想了解其他同事的情况，实际上是想知道你是怎样跟其他同事相处的。此时，如果你不多加思考就直接将心中的想法和盘托出，很容易造成严重的后果。

李彤毕业后，通过层层考核，终于进入理想中的某大型公司。她原本以为以公司在外界的影响力，公司里的人也应该个个都是精英中的精英。但是经过一段时间的观察后，李彤发现身边的同事们也不都是如此。例如，前台的秘书整天在上班时间忙着煲电话粥，或者是跟其他同事大谈自己的恋爱经验；而与自己一样身为文员的小张几乎是整个公司最散漫的一个，每天只会对着电脑聊天玩游戏。李彤心中对他们很有意见。

有一次，公司老板叫大家一起聚餐然后去 K 歌，在 K 歌房里，李彤就坐在老板的旁边，几句客套话后，老板突然问起了李彤对公司的看法，另外还关心地问李彤了是否已经适应周围的新同事。当老板问到和她同样职位的小张之后，李彤将心中对她的想法全说了出来，而且还说了小张作风散漫、干活不认真等毛病。

之后不到两个星期，李彤发现老板对自己的工作要求苛刻起来，时常挑刺不说，还经常让自己加班。一次午餐时间，李彤偶然从会计小王那里听到，原来小张是老板的侄女，这下李彤才明白自己言多必失，闯了大祸了。

当领导问你对其他同事的看法时，可能是想提拔你，考察你是否善于发现别人的长处，并且能够宽厚待人；也有可能是想要给某位同事升职，因此先了解他的群众基础；或者是对你的某位同事已经有看法了，想要得到你的认同；也有很多时候是因为想要考察你跟其他同事相处得如何。这些都是要考虑到的情况。一些聪明的员工会巧妙地回答领导的问题，将各个方面都照顾到，而不是逞一时口舌之快，却伤害了别人，影响了团结。

还有一点，在职场中，喜欢打小报告的人往往会遭到同事的厌恶和孤立，因为他使周围的人感到了不忠诚和背叛感。忠诚是人最起码的心理需要，如果这种需要因为有人打小报告而受到了威胁，那么打小报告的人自然而然地就会失去同事的信任。

有一个参加工作不久的女大学生，对周围一些同事的一些行事作风很看不惯，所以多次向厂领导反映。第一次领导非常高兴地赞许了她，但一而再，再而三，次数多了，领导反而不耐烦地说："你首先应该处理好自己的问题！"她为此心情很烦闷，认为那些同事有问题而不改正，领导这样敷衍她也是很不负责任的行为。但现实的情况是，同事们都不愿意搭理她了，原因就是她犯了职场的大忌——爱打小报告。

在生活中，打小报告虽然不等同于告密，但在常人意识里，在领导面前说同事的坏话、打小报告和告密没有什么区别，因而打小报告往往被人认为是一种应当鄙视的行为。

这个女孩显然没有弄明白从学校到职场自己的社会角色和社会任务的变化，没有做到客观看待各种社会现象，学会与同事交流，关心、包容与理解同事的行为。她的失误在于把在学校受教育时留下的稚气带到了职场，当自己感到无力扭转那些她自己认为的"不良行为"时便向领导打小报告，"揭发"他人的错误，想让领导来纠正那些她个人看不惯、不喜欢的行为。这样做，最后吃亏的当然是她自己。

总之，在领导面前切忌随意评价同事，对同事要多了解、多包容，多看同事积极向上、勤奋刻苦的一面，有时候实在避不开，也要实事求是，客观公正，不了解的不要说，对人有损害的少说，一切以维护团结为大前提。

6. 即使是批评的声音也可以很动听

说起批评，很多人都有过被批评和批评别人的经历，被批评时滋味不好受，可能还会感到颜面扫地。懂得了这一点，在我们批评别人的时候就应该明白，对方心里也不好受，所以情商高的人会把批评的话说得合理恰当，甚至悦耳动听，让对方听得进去批评，又感激自己，而不是怨恨自己。

武泽龚在公司是一位上层器重下层拥戴的领导，他自有一套管理人的理论。武泽龚说："员工们就像孩子，只要哄得他们开心了，自然肯努力工作。"

临近年关，公司里的一位员工的工作却每况愈下。然而，武泽龚并没有对他进行大声批评，反而在周一的例会上表扬了那位员工的出色表现，当然是他以前的成绩，还作为一个典型来重点表扬。

事后，武泽龚又将那位员工叫到了办公室，说："小刘，你的表现一直很不错，公司很看好你。你看你以前的业绩，总是公司里最出色的，我们一直很期待你能再创佳绩，那才是你嘛。"

那位员工听了，知道武总在善意地批评自己，于是说："武总，我知道，这些日子我懈怠了。"

"没事的，人嘛，总有不在工作状态的时候，我一直觉得你是一个有能力的人，不要太介意了。你看，这是一份下周的工作计划，你给同事们带去吧。"

那位员工一脸感激地走出了办公室，没想到武总的批评这么委婉，更何况武总还这么信任自己。

从那天起，这位员工一改这段时间的懒散，工作也干得越来越漂亮了。

很多优秀的企业家，在企业管理上，常常使用"三明治"批评方法。批评总是不那么中听的，那么在批评前，先找出对方的长处和优点，赞美一番用作批评的铺垫，力图营造一个和风细雨的批评环境，然后再提出批评指出对方的失误和不足，最后，再用一些赞扬的话作为谈话的结束。这样，裹在"三明治"中的批评，就不会让人难堪，不仅保护了对方的自尊心，也更能达到批评的效果，更让对方觉得批评者是一个有人情味儿的人，批评客观，对事不对人。

聪明的社交高手都懂点儿心理学，如果我们尊重一个人，信任一个人，根据"互悦机制"，对方也自然对我们充满好感，也愿意和我们合作。说话高手会在批评的时候，量身定做一块适合对方的"三明治"。

美国实业家玛丽·凯什说："不管你要批评的是什么，都必须找出对方的长处来赞美，批评前和批评后都要这么做。这就是我所谓的'三明治'策略——夹在两大赞美中的小批评。"

美国女企业家玫琳·凯很善于运用对事不对人的批评法则。她说："批评应对事不对人。在批评前，先设法表扬一番；在批评后，再设法表扬一番。要力争用一种友好的气氛开始和结束谈话。如果你能用这种方式处理问题，那你就不会把对方激怒。我看到过这样一些经理，他们对某件事情大为恼火时，必会将当事人臭骂一顿。这是毁灭性的批评，而不是建设性的批评。人的自尊心有时很脆弱，都希望受到表扬而不希望受到批评。"

一般说来，人都有爱听赞美话的习惯，而在受到别人的批评时，又有怕别人损害自己利益的担心。所以这种"三明治"批评法能够很好地照顾到被批评人的情绪。松下幸之助也属于在训斥的同时又加以赞美的这种类型，他在训导员工时常说："连你也这样干吗？""正因为是你，我才这样训你的。"这样对方虽然是挨了训，但心里是高兴的，因为他认为自己是松下器重的人。

7. 批评不忘善后，效果才能更好

有一句话这样说"打一巴掌再给个甜枣吃"，还有说"胡萝卜加大棒"的，意思是对犯错者批评或者责罚，使他对自己的错误有一个直观的认识，待他的心情平复下来，又要适当地进行善后，引导他朝正确的方向走。

任何人在遭受别人的责备之后，都会垂头丧气，对自己的信心跌入了低谷。比如，一个公司职员遭到老板的批评，心中难免会想：

我以后别想在这家公司混了。如此所造成的结果必然是他更加自暴自弃，甚至会产生离职而去的念头。然而，此时领导若能适时地利用一两句温馨的话语来鼓励他，或在事后对其他部属表示："我是看他是个可造之才，所以才骂他。"当员工听到这样的话后，就会认为："原来领导也不是冷酷无情的。"他们也许会想："继续努力仍有升职加薪的机会，好好干，领导也许会因为我的出色表现对我另眼相看。"

某领导发现秘书写的总结有不妥之处，他叫来秘书说："小张，这份总结写得不错，思路清晰，重点突出，有几处写得很有见地，看来你下了不少功夫。只是有几处地方提法不太妥当，有些言过其实，还有的地方比较空泛不够具体，你拿去再修改一下。你的文笔不错，写总结也是越写越好，我相信你这一次一定能够改出一份更好的总结来。"

这位领导很善于批评下属，在批评的外面包上了厚厚一层糖衣，让下属在接受批评的同时，受到了表扬。他先是肯定了秘书的工作和努力，并将其中的优点指出来加以赞美，再委婉地提出不足之处，最后再给对方一个鼓励，或许这位秘书会觉得领导的话纯粹就是鼓励而不是批评。

张君一向上班准时，最近的一个多星期，他却一直迟到。同事们都是早早来上班，自然对张君最近的迟到颇有微词。这些，林经理都看在眼里。这天工作不忙的时候，林经理将张君叫到自己的办公室，问张君："小张啊，最近为什么上班都不按时呢？公司有规定，不得迟到早退的。"张君有点不好意思，说："最近睡眠不好，早上总会晚起一会儿，所以就来晚了。"

林经理说道："一个公司就该有一个公司的制度，你这样迟到，不但影响工作，还在同事中造成了不好的影响。早上起不来不能作为迟到的借口，以后注意自己的作息，不要影响工作。"张君低头不语。

林经理说："这样吧，这次就不做计较了，今后一定要准时来上班，否则就要按制度办事了。"张君说："我以后一定会按时到岗的，请您放心。"

林经理最后又说："在我的印象里，你一直都是严守纪律、工作热情高而且技术不错的人，把工作交给你，我很放心，希望你能再接再厉。"说到这里，张君眼里有了光彩，顿时精神起来，说道："谢谢经理鼓励，我不会让您失望的。"

如果我们把批评比喻为"火攻"，就可以把赞扬视为"水疗"，一味"火攻"或"水疗"都不能达到理想的效果。唯有水火并进，双管齐下，才是最好的方法。

无论什么情况下，当别人犯下不可原谅的错误时，相应的负责人必然要对其加以斥责。然而，会说话的聪明人，在批评对方之后，一定不会忘记补上一句安慰或鼓励的话语。也就是说，先用"火攻"镇住了局面，接着通过"水疗"把关心和信任缓缓传递过去，以浸润到对方心中。

批评一个人的时候，在结束前把话往回拉一拉，鼓励一番，能让对方觉得放松和愉快。这种具有感情色彩的客观评价，往往能捂热被批评者的心，使他们真心实意地接受批评。这就是批评的善后工作。

批评归批评，生活和工作还要继续，交往也要继续，抚慰人心的善后工作，能让对方将遭受批评而失落的信心重新找回来，能将之前做错的事情弥补回来，更能让双方的人际关系更为融洽和亲近。善用这一条，批评才能有更好的效果。

8. 批评要晓之以理，更须动之以情

要想让犯错的人不受到来自批评的伤害，又要达到教育和改正错误的目的，就要做到既要晓之以理，还要动之以情。批评要跟对方讲道理，让对方服气，找不出反驳的理由来，还要动之以情，用真情打动他，让他心气顺，心悦诚服地接受你的批评，听从你的意见。

曾受雇于美国"钢铁大王"卡耐基、年薪百万的职业经理人施瓦布有一句名言："世界上极易扼杀一个人雄心的就是他上司的批评。"一个人做错了事，别人不是歧视疏远，不仅仅是讲道理，还给予关心，以心暖心，用关怀体贴的办法启发他做自我批评，犯错误的人一定会深受感动。这是建立在尊重他人、关心他人、信任他人的基础上的批评，因而能激发人的自爱心、自信心，使人产生内疚感、惭愧感，从而深刻反省，战胜自我。

一个员工因为家人生病住院，向公司请假，但领导不批准，这个员工留下假条就走了。回来以后领导批评他不守纪律，他则说领导不关心职工死活，双方越吵越凶。

而同样的情况下，另一位领导却采用另外一种做法，他让擅自离岗的员工来到办公室，并给他端上热茶，详细地询问他家人的情况，并表示了关心和安慰，使他很受感动。这个时候他在趁热打铁，严肃批评了他私自离岗，不遵守纪律的错误，最后这名员工心悦诚服，愉快地接受了批评。

有调查表明，在职场中，员工的挫折感产生的主要或者直接原因就是源于管理者的批评。作为领导或者管理者，为了不让批评的对象产生严重的挫折感，就一定要就事论事，讲明道理，更要用真心和真情感染和打动对方。

有个员工遭受了同事的诬陷，一时气不过，就要跟那位同事来了一场"拳脚较量"，众人及时拉开了他，上司随后将他叫进了办公室。

上司开口说道："先不论他有没有污蔑你，这样在办公场合大吵大闹，还要动手，对你的工作发展有什么好处？这不但是丢掉了职业素养，更丢了你的面子。当然，你自己认为是他做了对不起你的事情，一时气急情有可原，你的愤慨之情我很理解，我也有过被人污蔑的时候。这件事情我会查清楚，以后你还是要控制住自己的情绪，作为企业的一个精英人才，少做毛头小子才干的事。"

这名原来因为动怒要动手的员工在这番入情入理的批评教育下，渐渐平复了自己的情绪，羞愧地认了错，并保证以后不会再发生这样的冲突了。

批评人时只有晓之以理动之以情，才能赢得对方的尊重和配合，切忌生硬地说教和严厉地训话，以免把被批评者推向对立面。

批评的时候，要做到晓之以理动之以情，就要注意以下几点：

真诚。真诚的话永远能够打动别人。比如："我也犯过这样的错误。""这件事情虽然结果不尽如人意，但你也尽力了。""或许你也不知道什么地方出错了？"

切勿指责。指责的话会让人陷入恶劣的情绪中，从而影响理智判断力。比如："我跟你说了多少次了？""你为什么犯同样的错误？""你真是无可救药！"

适度。点到为止，既往不咎。比如："事已至此，从中吸取教训最重要。"从对方的角度出发，他一定不希望你再追着他的错误不放，所以，批评要适度，不要过分纠结，事情过去了就让它过去。

理解。没有人愿意犯错误，尤其内心已经很自责的时候，更需要别人的心理支持。"我想你可能很难受""找个时间我们一起分析一下失误的原因""我相信你下次肯定会做好"，这些话就是用真情打动对方，对方一定会非常感激。

看人下菜碟。对一个很自卑的人，犯错时，他本身就很自责，这时适当的安慰会胜过千言万语。对一个很爱面子的人，一边批评一边给个台阶，他会及时纠正自己的失误。对于一个心服口不服的人，不必抓住不放，看他的行动就可以了。

诚恳客观。批评别人的时候，态度要端正诚恳，不能光自己说，还要用心倾听对方的意见，真正做到站在对方的角度思考，这是最难的。事实上要做到这点你必须在事前就让自己知道，自己的立场不一定很客观，应当让自己跳出事外，以第三者的角度全面地看问题。

会说话的人都是以一个平等的心态说服对方，不会用权势和严厉的话语压人。晓之以理是为了以理服人，使之明辨是非，动之以情是为了消除逆反心理，使之易于接受。总之，既解决了问题，又维护了团结，这样的批评才是高明的、高效的批评。

第九章

好好说话，就是学会拒绝不伤和气

1. 拒绝朋友借钱，情商高的人这样说

"哥们，我年底结婚，装修还差3万，手头方便不？""铁子，在吗？我家里出了点事，能借点钱吗？""老同学，我这个月一冲动买了部苹果7，忘了交取暖费的事了，能帮帮我不？下个月开支了准还。"

生活中，我们多多少少都听过这样借钱的理由，而很多人在生活中喜欢做老好人，经常借钱给别人，但有时候因为各种原因，朋友借的钱并不能及时还上，自己还不好意思直接跟朋友讨回，只好自己心里生闷气。

莎士比亚在《哈姆雷特》中写道："不要向别人借钱，向别人借钱将使你丢弃节俭的习惯。更不要借钱给别人，你不仅可能失去本金，也可能失去朋友。"朋友之间，最忌讳的就是谈钱，好借好还还好说，最怕的就是借了钱不还，以后连朋友都没得做了。借出去的钱有时候就像泼出去的水，收回是一个问题，有些时候简直比借高利贷风险还大，你受得了吗？

早知如此，当初借钱的时候为什么不去拒绝呢？可是，如何拒绝才能既达到自己的目的，又不伤害朋友之间的和气呢？这种情况下，如果我们用委婉的语言拒绝对方，显得很婉转、含蓄，更容易被朋友所接受。

　　宋航夫妻俩前些年双双失业，就向银行贷款做起了小买卖，开了一家日用杂货店，两人起早摸黑把这个商店办得有声有色，收入也颇为可观，生活自然有了起色。宋航有个发小叫郑强，是个游手好闲的赌棍，经常把钱扔在了麻将台子上。有一段时间，郑强手气不好输了不少钱，可他还想扳回本钱，又苦于没钱了，眼睛就瞄上了宋航的小店。

　　一日，郑强来到了店里对宋航说："我最近想买辆摩托车，手头还缺 5000 块钱，想在你这借点周转，过段时间就还。"宋航了解这个发小的坏毛病，借给他钱，无疑是肉包子打狗。何况店里进货周转，钱也比较紧张，就敷衍着说："好！再过一段时间，等我有钱把银行到期的贷款还了，就给你，银行的钱我可是拖不起啊。"郑强听宋航这么说，没有办法，也就答应着离开了。

　　找各种借口推脱，只能让对方认为你摆明了不想借给他钱。所以说，如果为怎样拒绝感到犯难，不如直截了当，把你实际的难处说出来，让对方知道你拒绝他的原因是什么，他就比较容易理解你了。

　　除此之外，我们要注意当我们拒绝别人时，千万不要伤害对方的自尊心。特别是对你有过帮助的人，来拜访你，要你帮他做事，因为情面，的确是非常难以拒绝的。不过，只要你能表示出尊重对方的意愿，直率地讲出自己的难处，相信对方也会理解你，谅解你。

　　其实，有时我们拒绝的人之所以与我们因钱生恨，并非完全是因为我们拒绝了他，更多的是因为我们拒绝他的语言和方式伤害了他。我们不能避免拒绝，但却可以在拒绝时采取委婉、迂回、幽默等方式，最大限度地避免因为拒绝而伤害或得罪别人。

2. 面对从上而来的暧昧，优雅说不

"小琴，晚上下班有空吗？一起吃个饭。""美美，你把白天会议的结果整理一份，送到我房间来，我的房间号是……""雅丽，我这里有两张电影票，你看……"

在职业场合中，女性同事和男上司接触的机会很多。如果你聪慧、出色、敬业，很得他的赏识，这自然是好事。可是，男女之间的关系毕竟是微妙的，尤其是他向你发来暧昧信息的时候，你该怎么拒绝呢？

要知道他可是直接关系到你的晋升、收入的关键人物，弄不好连自己的饭碗都保不住了。但是如果一味消极地接受，早晚会引得公司上下传播你们的"绯闻"，虽然明知道自己是清白的，但是传的人多了，难免会影响你的正常生活。

张婷婷在一家广告公司做策划推销，她聪明能干，人又漂亮，因此大受顶头上司、策划部经理周敬之的青睐。

有一次，张婷婷搞定了一个比较苛刻而且难缠的大客户，谈成了一笔利润可观的广告合约。下午下班的时候，周敬之找到她说为庆贺她的成功，要请她吃晚饭。

张婷婷心里被签单的喜悦充满了，也就一扫往日的矜持，毫不犹豫地答应了。她本来以为还会有其他同事，吃饭的时候，才发现就他们两个人。张婷婷有点尴尬，但是也没多想，吃饭的时候，两人聊了很多，相谈甚欢。

后来，周敬之便经常借口庆祝张婷婷的出色表现请她吃饭、打保龄球、跳舞等。有时张婷婷并不想去，但看到他那诚恳的眼神，又想想他是自己的上司，就不好意思拒绝。

时间长了，同事之间议论纷纷，都说张婷婷和上司之间有不寻常的关系。男友也认识张婷婷的一些同事，听到这些流言，对她产生了不小的误会。这下子，张婷婷真是跳进黄河也洗不清了。

这样的事情在职场中屡见不鲜，很多人面对此类情况，因为怕上司以后在工作中找自己的麻烦，或者对自己的发展前途有影响，通常都会选择被动接受，结果到最后造成难以收拾的结果，才后悔莫及。

面对上司的这些带点暧昧的行为，比如单独邀你吃饭、送你礼物，即使他真的没有非分之想，你也要小心注意了，该拒绝就委婉地拒绝，以免遭人非议，到最后连工作也无法正常进行。聪明人则懂得职场生存要学会变通，更要坚守一定的原则。面对上司的暧昧要求，会说话的女人懂得巧妙拒绝，既不伤对方面子，也给自己留有余地。

徐静是公司中唯一一个很精明的女业务骨干，她平常办事不但很利索，而且还非常有自己的原则。尤其是在和不同的客户打交道的过程中，她非常注意保护自己。

有一次，上司请徐静和一个大客户一起吃饭，想让徐静更好地提升自己的业务能力。在饭局中，这位客户不停地向徐静发出私人邀请。出于不得罪客户的考虑，徐静只能委婉拒绝。可是没想到，上司却在一边示意徐静答应下来，让徐静私下与这名客户多接触接触。徐静一想到在工作上还得有求于对方，而且又不能得罪上司，不由进退两难。

一天之后，徐静还是决定和上司好好谈谈。徐静对上司说："您能够在工作中信任我，我感到十分荣幸。我也知道作为一名女性，要想在业务上拿出成绩，抛头露面和不同人打交道是必要的，可是我并不是交际花。如果是谈工作，我可以去，如果是私人邀请，那么我想我可能会拒绝，毕竟这不是我分内的事。"听完徐静诚恳的言语，上司想了想，非常坦诚地说了声："对不起。"

拒绝自己的顶头上司，采取迂回、委婉的方式，并不是不能让人接受。而且，拒绝上司并非一定是坏事，许多时候能让上司发现你的成熟踏实和个人尊严，让他对你产生敬重之心，也有助于抬高你在他心中的地位。

另外，员工还应该明白的一点是，尽管你在职位上低于上司，但是在人格上，你和上司都是独立和平等的，谁也不隶属谁，也不是不分对错一切都得遵从上司的决定。很多时候，一个人能够拒绝别人而不让对方有不愉快的感觉，才有能力经营自己的将来。在面对你的上司的时候，这句话也是一样适用的。

3. 如何不伤和气地拒绝同事的不合理请求

也许很多人都经历过类似这样的事：在周五快要下班的时候，当你畅想着晚上熬夜看球、打游戏、明天睡个好觉时，一阵带有节奏的电话铃声不合时宜地打断了你的幻想，你接起电话，对方用焦急而带有请求的语气和你说"哥们，我明天值班，可是我真的有事，你也知道我现在和我女朋友已经到了谈婚论嫁的地步，求求你啦，明天帮我来公司值班，就这样，有空请你吃饭。"你放下电话，对着空气无奈地笑笑，最后化成一声叹息。

　　不管在任何时候，拒绝别人的要求或否定别人的意见，对人们来说，都是一件难为情的事。办公室里，几乎所有的人都害怕或者不愿意拒绝同事的请求，因为他们害怕失去良好的人际关系，所以在面对同事不合理要求的时候，常常感到为难，以致每次都心软地接受。

　　周末的时候，吴红接了一个电话，一听连撒娇带耍赖的语气就知道是刘畅，她说："亲爱的，救救我吧，帮我写个方案，客户已经催了好几次了，可是我真的写不出来了，昨天我熬夜熬到深夜两点，可是才写了不到300字，这次你无论如何也要帮我一把。"

　　刘畅是吴红在公司里最好的朋友，属于那种嘴巴很甜的女人。她这已经不是第一次求助吴红了，刘畅是硕士学历，在业务上并不存在"能力差"，但她却常常把做不完的工作推给吴红。每次吴红都想拒绝，可是听到她一句一个"亲爱的"，那能把人融化的热情让她不知道该怎么开口说"不"。

　　也许当我们听到同事的请求时，心里第一时间总是会想："不，不行，不能这样做，不能答应！"可是，嘴上却不能明说，只能含糊不清地说："这个……好吧……可是……"一般人总是心软的，特别是女人在面对同事的请求时，几乎是照单全收，不知道如何拒绝，害怕拒绝会给自己带来不利结果。帮助同事本来是好事，可是面对同事的一些不合理请求，那就应该学会拒绝。

　　办公室里的同事，需要相互帮助的时候很多，在力所能及的情况下，我们帮助同事是非常必要的，这样做也会给我们带来很多的益处，比如良好的人际关系和高效的工作环境。但也有一些人，会提出一些不合理的要求。这时，委婉地拒绝是一种很好的选择。

在某一个极度繁忙的下午，孟轩同组的一名同事突然想要请两小时的假回家，因为家具店将送一批家具到家里，她必须回家开门点收。

面对这种情况，孟轩想，直接反对这种不合时宜的要求，而不理会同事的感受会让对方产生不快，影响今后的工作和同事关系；要是担心得罪同事而不反对她请假，将会影响工作进度。

于是，孟轩对同事说："我知道你订的这批家具非常贵重，要是运到家门口却没人在家开门非常令人担心，要是我自己的话我也想请假回家。但问题是，咱们部门必须在明天之前交货，没有你我一个人是完不成的，要是耽误了约定的时间，我们会丧失一位大客户。不过，我倒有个建议，你可以打电话给家具店，请他们明天下午再送家具。到那时部门已交了货，你就有足够的时间请假处理了，你觉得怎么样？"

同事听了觉得在理，就没有离开工作岗位。

在拒绝别人的同时，先要向对方表明自己对他的理解，也要向对方申明你的难处。同时要从对方的切身利益出发说服对方，还可以给予一些更好的建议，这样对方自然会被你说服，放弃之前的不合理请求。

当然，如何才能不伤和气地拒绝，就需要我们掌握一些拒绝的技巧了。在同事向你提出要求的时候，首先要注意耐心地倾听，让对方把处境与需要讲清楚。真诚的倾听能让对方有被尊重、被接纳的感觉。之后如果你选择拒绝对方，你可以针对他的情况，给他出出主意，就算你没有帮到对方，对方一样会感激你。

其次，在拒绝的时候要委婉。你说"不"的态度必须是温和而坚定的。例如，当对方的要求不合公司规定时，你就要委婉地向他解释自己的工作权限，表示自己没有权力去做这件事，这违反了公司规定。一般来说，同事听你这么说，就会知难而退，再想其他办法。

帮助同事本来是好事，可很多时候，你帮助别人，除了耽误你的分内工作，还常常会变成吃力不讨好的"老好人"。所以，拒绝同事的一些不合理要求非常有必要。拒绝的时候一定要采取婉转的方式，既给同事留面子，又不让同事对自己产生不好的印象，不会影响你们之间的和睦关系。

4. 拒绝不喜欢的人，态度要坚定明确

2015 年开播的电视剧《何以笙箫默》在国内曾掀起一波收视热潮，男主角在剧中各式"撩妹"，使"壁咚"这一"撩妹神器"得以发扬光大。作为当下最热门的告白高招，新技能"壁咚"在生活中成为很多人必备的表白技能，不过假如你遇到一个完全没有感觉的人对你"壁咚"表白，那么切记一定要果断拒绝，断不可一推再推，不给明确的答复，这样对双方都会造成伤害。

陈龙和小雪认识五年了，他们之间一直以朋友的关系来往着。

突然有一天，陈龙约小雪去电影院。在幽暗的环境中，陈龙握住了小雪的手说："真希望这场电影能够永远播放下去。"

小雪微微地有些害羞，却也没多想，还故意搞笑地说："我也是这样想的啊！你真是我肚子里的蛔虫。"

在这种气氛中，陈龙忽然吻了小雪的脸颊说："做我女朋友吧，我会一辈子对你好的。"

看着陈龙认真的眼神，小雪一时不知所措。小雪很感激陈龙对自己的照顾，但是无论如何她还没准备好接纳他。但是看着陈龙真诚的眼神，小雪最终也没有忍心拒绝他。

可是有一天，小雪突然发现自己遇到了喜欢的人，和那个人在一起，小雪觉得很幸福。但是，面对陈龙的关心和爱，她不知道该如何拒绝，就那么一直拖着。陈龙约她的时候，她说加班，陈龙给她打电话的时候，她说她在开会，草草挂了电话。但是终究纸里包不住火，有一天，陈龙发现她和另外一个人在一起，陈龙顿觉自己的天塌下来了。

最后，陈龙约小雪到他们上次看电影的地方，在电影将要接近尾声的时候，陈龙对小雪说："你为什么要欺骗我？我是真心爱你的。你为什么要伤害我？"

"我没有欺骗你，我只是不想你受伤而已。对不起！我们根本就不适合。"小雪有些无辜地说。

陈龙有些自嘲地笑了笑："可是你这样子只会让我更加伤心。"

如果你真的不喜欢别人，一定要提早就摆明你的态度，千万不要和别人玩暧昧，大多数情况下，别人会把你的这种暧昧态度看作对两人关系的认可，从而造成很大的误会，导致后面难以收场，特别是男生追求女生而女生表现暧昧的，后面更是难以处理。因此要拒绝别人的话，态度一定要坚决，不喜欢就是不喜欢，一定要提早让别人知道。

拒绝别人的表白，态度一定要真诚，言语也要十分小心，尽量减少对对方的伤害。你可以告诉对方自己的感受，让对方明白你只把他（她）当朋友，当同事或者当兄妹看待，你希望你们的关系能保持在这一层面上，你不愿意伤害他（她），也不会对别人说出你们的"秘密"。

另外，有很多人在接收到来自异性的表白之后，不喜欢对方要拒绝对方，可是自己又不好意思，于是就让自己的好友或者托人转告对方，表明自己并不喜欢对方。其实这在某种程度来说，虽然让你避免了尴尬，但是两个人之间的事情，无端地掺杂进其他的人，对各方其实都不好。所以如果真的要拒绝别人的话，尽量自己告诉对方，用信件等间接的方式也是可以的，但是态度要明确，不要传来传去反而造成了误会。

除此之外，有些女孩子，明明不喜欢别人，不想和别人谈恋爱，但是遇到男生送来的小礼物却一一接受。如果你真的想好不和别人相处的话，一定要注意这方面的事情，遇到对方送来的东西一定要及时拒绝。类似鲜花、巧克力、饰品之类的东西，就算再想要这些东西也不能接受，因为你一旦接受就会显得有点拖泥带水，犹豫不决，也让别人觉得有机会。

当然我们也可能会遇到一些死乞白赖，厚脸皮甚至不断骚扰的追求者，遇到这类人的话，我们一定要非常果断地决绝，表明自己强硬的态度，不要给对方任何一点可乘之机，在说话的时候也可以表明你的厌恶之情，一定要告诉对方，你真的不喜欢这样的追求者。

最后，拒绝别人的时候，在语言上或者行为上不要表现得过于敷衍，说话也要尽量委婉一点，告诉别人你最真实的想法，或者你还不想谈恋爱，或者你有其他的追求，或者你心有所属。

只有你真的尊重别人了，考虑了别人的感受，别人也才会尊重你的选择。

5. 找不到拒绝的理由，不如坦然说出实情

生活中，不少有车的朋友会经常遇到这样的事情：亲戚朋友来借车，自己不好意思拒绝，借吧，又不放心，毕竟不是自己的车子不会细心呵护的，万一出什么问题，那最终还是要自己去"打扫战场"；不借吧，都是亲朋好友的，又说不过去，每次都编不同的理由也头疼，遇上不识趣的还钻牛角尖，搞得大家都下不来台。

其实当我们面对朋友时，真诚是绝对必要的。如果不想答应对方可以实话实说，但不要尝试说谎，因为即使你只说了一次谎，它也会使你信誉扫地。正如《伊索寓言》里面所说："如果你说谎了，那么之后即使你说真话，人们也不会相信。"而且，有时你的谎言也不一定会起到拒绝的作用，反而自己会因为这样的谎话而吃哑巴亏。

门外传来了敲门声，乔对妻子说："我敢打赌，准是隔壁的布鲁格那家伙借东西来了，咱们家一半的东西他都借过。"

"我知道，亲爱的。"乔的妻子答道，"可你为什么每次都向

他让步呢？你不会找个借口吗？这样他就什么都借不走。"

"好主意。"乔走到门口，去接待布鲁格。

"早晨好！"布鲁格说，"非常抱歉来打搅您。请问您今天下午用修枝剪吗？"

"真不巧，"乔答道，"今天整个下午我要和妻子一起修剪果树。"

"果真不出我之所料。"布鲁格说，"那么您一定没时间外出了，把您的奔驰汽车借给我，您不会介意吧！"

现实中，为什么有些人拒绝别人的方式是说谎而不是直接说"不"？其实原因在于这些人缺少拒绝别人的勇气。于是他们试图采取侥幸的办法，以说谎的方式去掩饰真实的拒绝意图，以避免体验到因为直接拒绝而唤起的内疚或羞耻，或者避免受到想象中的伤害。殊不知，谎言一旦被揭穿，尴尬的绝不仅仅只是自己。

很多人最初说谎可能迫于无奈，可是一旦尝到了谎言暂时带来的"方便"，便会不由自主地说下去，即使并非完全自愿，暂时的"方便"也是不愿意损失的，所以他们会编织更多的谎言以维护最初那一个，长此以往，连自己都分不清是事实还是谎言。

或许有时候，我们有所顾忌："真话即使裹上甜蜜的糖衣，也仍然会像锥子一样尖锐地刺痛对方。"所以在生活中，当我们面对他人不合理的请求时，不仅要懂得实话实说，还要懂得"实话巧说"。有些实话也许说出来会让对方下不来台，但出于朋友之间的友谊和信任，你又非说不可。这时候，让舌头绕个弯再把话说出来，就是最佳的方法了，巧妙劝说，让对方知难而退。

或许妻子的厨艺并不是很好，如果丈夫实话实说地评价妻子做的饭"难吃"，就会让妻子感到很委屈：我辛辛苦苦做好了饭，你还嫌弃。这样一来，下次她一定不会再那么积极地去做饭了。但是如果丈夫看起来吃得津津有味，而且边吃边赞："味道不错，不过我相信你还可以做得更美味些！"想必妻子的心里必定如蜜一般甜美，从此做饭会更加用心，家庭也必定会充满温馨与和谐。

英国诗人拜伦有一次在街上看见一位乞讨的盲人，盲人的身上挂着一块"自幼失明，望君怜恤"的牌子，然而没有一个人肯施舍给他任何东西，盲人手中的破盆里什么都没有。于是拜伦挥笔将盲人牌子上的字改为"春天来了，我看不见"。路人看到牌子上的字后，都同情起盲人来，他们纷纷慷慨解囊。这也是"实话巧说"的魅力。

6. 找个"挡箭牌"，避开敏感话题

当有人想让你帮忙,而你不想帮或者帮不了,想要直接拒绝的话,无论多么委婉也会让对方觉得你不愿意帮忙。这个时候，不妨找个"挡箭牌"，让自己置身事外，这样可以避免不必要的纠纷和麻烦，让对方不再纠缠。

有一位球星在国际上非常出名，和所在的球队完成合约以后，正在考虑寻找下一个合作对象。其间他来到另外一个国家，受到了当地球迷的热烈欢迎。有记者和球迷问他愿不愿意留在本地，加盟本地的一支球队。

面对这个问题，这名球星巧妙地回答道："我很喜欢这个地方，这次来这里我觉得不枉此行。非常感谢大家对我的支持和喜爱，可是家庭对我来说太重要了，我有三个孩子，年龄还非常小，远离他们让我这个做父亲的觉得难以忍受。况且，我得和我的经纪人兼老板商量之后才能做决定。我不会拒绝一切好的机会，但我要认真地考虑一下，所以这个时候我不能给出任何承诺。"

听到球星的话，大家也就不在这个问题上多做纠缠了。

这名球星非常聪明，直接拒绝会伤害球迷的感情，于是将自己年幼的孩子作为挡箭牌引起他人的同情心，又以自己要听从经纪人的安排为借口，打了一套太极拳，而且，还为自己将来可能到这个国家打球留下了一定的余地。球迷们当然会欣然接受这种"暂时的拒绝"。

拿别人当挡箭牌，能够降低因为拒绝产生人际关系矛盾的风险，让有求于你的人也能够理解你的难处，而不会对你产生不好的看法。当你确实不想做某件事，又不想暴露自己的真实意图时，不妨拿别人当作自己拒绝的托词，这样既不会驳对方的面子，也不会招致不快。

裁判是足球场上的权威，但在"黑哨""官哨"盛行多年，又遭严打之后，中超、中甲赛场上，国内裁判的权威已经荡然无存。2011 年 3 月 30 日，央视播出了《揭秘足坛"金哨""黑金"内幕》的节目，曝光了原著名足球裁判陆俊、黄俊杰、周伟新和原足协裁委会主任张建强收受贿赂、操纵比赛的事实，并指出"官哨"实为黑哨的源头。

这一报道令很多俱乐部、教练、球员都理所当然地认为，只要判罚对己方不利，裁判就一定心存不轨。重压之下，裁判已成惊弓之鸟。而中国足协也只能大幅增加外籍裁判的执法场次，来缓解这一信任危机。

2011 年的中超揭幕战，恒大被安排主场战实德。为求公平，他们一度向足协申请派遣日本裁判，但遭拒绝。不过，足协还是对使用外籍裁判乐此不疲，究其原因，还在于外籍裁判执法即使出现问题，也不会引发太多的争议。

在生活中，拿别人当挡箭牌最大的好处就是，我们能够在拒绝的同时，最大限度地让别人欣然接受自己的拒绝，而且还能让自己置身事外，不被对方记恨。当你不方便以自己的立场拒绝的时候，不妨选取合适的"第三人"作为拒绝他人的挡箭牌。当然，拒绝不同的人要找不同的 挡箭牌才有效。

对打探隐私者，找个含糊的挡箭牌。

人人都有隐私，每个人的内心深处都有着一块不希望被人窥伺的领地。可是有些人出于无知和无趣，每次都要问别人"年龄多大了""收入多少"等让人生厌的问题。

如果遭遇探人隐私者，我们只能乖乖就范吗？显然不是，对待探人隐私者，最好的法子是含糊其词。如果他问你"年龄多大了"，我们可以说"离 18 岁已经很远啦"，如果对方问我们"收入多少"，我们可以说"刚刚可以糊口"。总之，对于对方的提问，不是不答，但答得含糊其词。这样既不会得罪对方，又不会让对方得逞。

对于好奇心强的人，找个答非所问的挡箭牌。

我们有时候在大街上闲逛，难免会遇见熟人，他们常常会随口问上一句："你怎么在这儿？"或"你要去哪里？"

试想，我们本来就是在大街上漫无目的地散步，遇到这种问题，自然是张口结舌答不出来，有时候我们则是可能去好几个地方，不好一一回答，还有些时候，由于各种原因，我们不想告诉对方自己去什么地方。那么，这时候我们该怎么回答呢？

我们不妨找个答非所问的回答，我们可以说："我也不知道怎么逛到了这儿。"或者可以回答："那你怎么也在这儿啊？"

对于你不知道的事，找个巧妙的挡箭牌。

有时候，我们会被问到我们不知道的事情，比如有人问你："你觉得我们上司的作风怎么样？"而我们一时不知该如何作答，这时千万不可说："不知道。"

我们回答这样的问题，应该巧妙一点，说："这是个值得观察分析的问题，我们该好好研究一下，让时间来证明一切。"

对道人是非者，找个不予置评的挡箭牌。

俗话说："来说是非者，便是是非人。"一个人既然在你面前说他人的好坏，自然也会在他人面前说你的好坏。对于这种人的这种敏感话题，人们都唯恐避之不及。

远离这种人的办法，是对他说的是非话题都做出冷淡的反应，从而让他知难而退。与他们说话，我们可以回答"嗯""哈"。这会让他们觉得这话题无法再交流下去，从而中止谈话。

一个谈话的高手，不是一朝一夕就可以练就的，要想驾驭谈吐，我们要多看多想多练，面对敏感的话题，更可以锻炼我们机敏的应变能力和大度的胸怀，在不断实践中积累经验，以培养我们高超的说话艺术，成为说话高手。

7. 比较难办的事，用用"拖延拒绝术"

我们在日常办事中常会遇到这种情况：拜托别人的事情，别人眉头一皱思索片刻，便说："让我跟某某商量一下行吗？"或者"我考虑考虑，过几天给你答复吧！"如果过了好几天仍然不见商量结果和答复，那么我们一般就明白，对方做不到自己所求之事，只是敷衍而已。

当我们在拒绝别人的时候，适当地运用委婉的敷衍，对方也会心知肚明，不再为难。

一位作家想同某位教授交朋友。作家热情地说："今晚我请你共进晚餐，可以吗？"

不巧教授正忙于准备学术报告会的讲稿，实在抽不出时间。于是他热情地笑了笑，带着歉意说："对你的邀请，我感到非常荣幸，可是我正忙于准备讲稿，实在无法脱身，十分抱歉！不如改天我请你喝茶？"

这位教授的拒绝是有礼貌而且令人愉快的，而那句"改天请你喝茶"，更是让这次拒绝显得干脆又不生硬。所以我们要学会善用托词，让对方接受得更顺心。遇到下面这些情况，你可以这样应对：

你的老同学约你星期天去爬山，你不想去，可以这样回答："你也知道我喜欢四处走动，可自从上次闪着了腰，儿女们就对我下了'禁足令'啦！过一段时间有机会再一起去吧！"

一位顾客想让你帮他退掉一件已经用过的商品，你可以说："对不起，这得我们主管决定，他现在不在。"

有人想找你谈话，你看看表说："我还要参加一个会，改天行吗？"

有的时候你连着拖延了两回，一般就会放弃了，当然老是拖延一件事也不好，这会让别人觉得你人品有问题。一般在两次拖延之后，在别人第三次来找你的时候，你就应该给出个明确的答复了。

徐江所在的公司近期要进行人事调整，公司的副总经理考虑安排徐江去采购部，徐江本人也比较想去采购部。但是后勤部刘部长想让徐江去后勤部，刘部长非常热情地邀请徐江，还让徐江打电话给副总经理说他想去后勤部，徐江非常苦恼，不知道该如何处理。

徐江回家跟父亲说起这件事，父亲想了想说："你想去采购部，但又苦于无法拒绝后勤部部长的热情邀约，我教你个法子。"徐江赶紧向父亲讨教。

过了两天，徐江已经进入了采购部，他跟后勤部刘部长说："我到采购部先学习学习，增加点工作经验，再历练历练。"刘部长只好说："这样也行，小徐啊，别把部门看太重，分部门别分家，有时间我们多探讨。"徐江当然满口答应。

徐江的拒绝方式比较巧妙，他自己内心当然觉得采购部比后勤部要好得多，但是他流露的意思是他还没有到后勤部任职的资质，先到采购部学习历练，给足了刘部长面子，同时也没有把话说得太死，没有完全拒绝今后去刘部长麾下的可能。刘部长看到木已成舟，也就只好作罢了。

8. 拒绝对方，巧妙地用微笑代言

微笑反映了一个人的素质和道德风貌，微笑会使你在人群中大放异彩。微笑，是冬日一束温暖的阳光，可以化解久冻的心湖，让我们在充满爱意的世界里更容易做到心灵的沟通。当你面对别人的请求而难以拒绝的时候，也许微笑可以帮助你。

临下班前，汪可可对坐在对面的刘瑞说："我想请你吃饭，可以吗？"

刘瑞早在几天前就答应了朋友看电影的请求，不过刘瑞还是微笑着说："谢谢！"

汪可可追问道："那么说，你是同意了？"刘瑞只是微笑，并做出一副欲言又止的表情。

汪可可问道："你该不是有约会吧？"

听到她这么说，刘瑞才点了点头说："嗯……是的。不好意思了。"

汪可可叹了口气，只好说："那就下次再说吧。"

刘瑞没有用生硬的语言拒绝汪可可的邀请，而是巧妙而自然地以微笑代言，最后让汪可可亲口讲出了"你有约会了"的疑问句，此时她的注意力已不在她所希望的答案上了——她意识到已经有人捷足先登了！

然后，一句"不好意思"，同时让双方都有台阶可下，并没有造成令人不愉快的气氛。

当然，也可以用幽默的方式拒绝别人，有时可以故作神秘、深沉，然后突然点破，让对方在毫无准备的开怀一笑中不再纠缠。这样的拒绝，在达到拒绝目的的同时，还能让对方愉快地接受。

俗话说得好："一笑解千愁。"有一副对联也说："眼前一笑皆知己，举座全无碍目人。"真诚的微笑是交友的无价之宝，即使是运用它来拒绝别人，也不会让对方对你产生反感。所以，不论走到哪里，都请带上微笑。

　　生活中，有些朋友可能会说，我天生不爱笑，也不会微笑。没关系，因为微笑是可以培训的。英国空姐接受微笑训练，每天练习微笑，最终获得了成功就证明了这一点。她们充分地利用了微笑的神奇魔力，缩短了她们与乘客之间的距离。

　　一年冬天，史蒂芬乘坐英航飞机回纽约和家人团聚。一进入机舱，服饰整洁身姿优雅的空姐就向每位旅客展露灿烂的笑容，让人仿佛惬意地沐浴着暖暖的阳光。

　　飞机起飞前，一位乘客要求空姐给他倒一杯水吃药，空姐很有礼貌地说："先生，为了你的安全，请稍等片刻，等飞机进入平稳飞行后，我会立刻把水给您送过来，好吗？"那名客人点了点头。

　　飞机起飞后，由于气流原因飞机突然颠簸起来，机上一名生病的乘客恶心呕吐，污物不小心吐在前排乘客身上。一名空姐反应迅速，立即撕开一个杂物袋，走上前递给生病的乘客，并关切地询问她的状况，另一名空姐则拿来干净的湿毛巾帮她擦拭，同时为前排的乘客做清理。前排的乘客本来十分生气，正欲破口大骂，但看到两位空姐的举动，只是尴尬地笑笑说："没事没事。"

　　史蒂芬将这一切看在眼中，心里正准备为空姐的表现叫好时，却听到有人发出不满的声音："喂，已经多长时间了？我吃药的水呢？"

　　显然，刚刚处理乘客的呕吐，让那名空姐在忙乱中疏忽了送水的事情。史蒂芬看得出来，虽然那名空姐有些紧张，但她还是小心翼翼地把水送到那位乘客的面前，并且面带微笑地说："先生，实在对不起，由于我的疏忽，延误了您吃药的时间，我感到非常抱歉。"

　　这位乘客抬起手，指着手表说道："怎么回事，有你这样服务的吗？你看看，都过了多久了？"空姐手里端着水，心里感到很委屈，但是，无论她怎么解释，这位挑剔的乘客都不肯原谅她的疏忽。

接下来的飞行途中，为了弥补自己工作上的过失，每次去客舱给乘客服务时，这位空姐都会特意走到那位乘客面前，面带微笑地耐心询问他是否需要水，或者需要别的什么帮助。然而，那位乘客似乎余怒未消，摆出一副不合作的样子，并不理会她。临到目的地前，那位乘客要求空姐过来一下。

此时，那位空姐虽然心里有说不出的委屈，但仍然不失职业道德，显得非常有礼貌，而且带着她一贯的微笑说道："先生，请允许我再次向您表示真诚的歉意，无论您提出什么意见，我都会欣然接受您的批评！"

就在史蒂芬以为那位乘客又要说出什么难听的言论时，那位乘客却平静说："在整个过程中，你表现出的真诚的歉意，特别是你的12次微笑深深打动了我，你的服务质量很高，下次如果有机会，我还将乘坐你们这趟航班。而我也向我刚刚的失礼言论做道歉，对不起。"

显然，空姐真诚的微笑和不厌其烦的服务终于赢得了这位乘客对该航空公司服务的认可。

微笑是世界的统一交际语。微笑没有国界也没有阶级之别，人人都有权利享受别人真心的微笑。达·芬奇的传世名作《蒙娜丽莎》以画中人含蓄、迷人的微笑在世界人民心中留下了美好的印象，也树立了微笑的经典。

笑也有很多用途，在拒绝他人时也要面带微笑，在遇到敏感问题或难以承诺的要求时，更要不焦不躁，沉着冷静，用微笑来应对。经常把笑容挂在脸上的人，是没有困难可以难倒他的。

9. 难以启齿的逐客令要下得不动声色

日常生活中，我们茶余饭后，或者在难得的休息日，想要静下心来读书或者做点其他的事，不请自来的"好聊"之客总是扰得我们心烦意乱。这样的人东家长西家短，唠唠叨叨，似乎没完没了，不断地说着我们不爱听的话题。

在这种时候，我们只能不断敷衍，但是对方若是还没有走的意思，那么我们就要对其下逐客令。因为如果再继续耗下去我们的时间就会被白白浪费掉了，还有可能耽误重要的事。

只是这逐客令要下得不动声色，能够点醒对方又能给彼此留面子，不要让对方觉得"这是在赶我走"，这样就会伤了对方的自尊心，影响了双方的关系。

下逐客令是一件非常让人头疼的事，但是合理地运用言语就可以将其演变成一个彰显我们智慧和灵巧口舌的平台。

黄尚连着加了一个月的班，终于有机会回家里好好歇着，躺在沙发里看一看电视，黄尚想到这里就开心。可没想到在家里没坐上10分钟，门铃就响了起来。黄尚心里一万个不愿意，喊道："谁啊？"

门外的人说："是我，老邢。"老邢这个人不错，是黄尚公司的客户，跟黄尚关系还不错，缺点就是话多。黄尚不能拒绝老客户，就把他请进了屋子里。

果不其然，老邢开始侃了起来，天南海北的无所不知一样，黄尚心里越来越着急，自己的大好时光被破坏了，无奈之下，他突然心生一计，对老邢说："老邢，我最近重新装修了书房，我们到书房看看怎么样？"老邢点点头，满不在乎地跟着黄尚去了书房，黄尚就带着老邢参观自己的藏书。

看完后，黄尚趁机说："我们再回去客厅坐坐吧。"老邢看了看窗外的天色，说："不了，已经不早了，我先走了，要不就赶不上末班车了。"

很多时候别人并不知道他们已经影响到我们了，但是我们明说出来会让对方没面子，所以隐晦曲折地表达出自己的意图非常重要，既能维护彼此的感情，又不至于让自己的事情拖延，可谓两全其美。

比如："今天晚上我有空，咱们可以好好畅谈一番，不过，从明天开始我就要全力写工作报告了，争取能在后天完成，要不老板该批评我了。"这句话是想告诉对方："请你从明天起就别再打扰我了。"但是，却听起来让人很抱歉："对不起打扰你了。"

再比如："最近我妻子身体不好，吃过晚饭过后就想睡觉，咱们是不是说话时轻一点儿？"这种商量的语气却传递着十分明确的信息："你的高谈阔论有碍于我妻子的休息，你还是早离开的好。"

老陈在一家工厂的值班室工作，每天负责在厂子里面巡逻。这一天傍晚，老陈在值班室里正休息着，门外却来了自己的老乡，老陈很纳闷，不知道老乡在这个时候来干什么，等老乡坐下之后详谈才知道，原来老乡进城买货，路过老陈的厂子就过来看看。老乡不断跟老陈说着家里的大事小情，老陈虽然见到老乡也很高兴，但是这么没完没了的，被领导看见了肯定会批评他的。

但是老乡在这个时候却不紧不慢，嘴里说着："今天晚上我就不走了，一会儿啊，去我儿子家。"老陈心想，这下得待多久，得赶紧让他走。

老陈就站起来在地上走来走去，老乡问是什么意思，老陈便说是坐久了，站起来活动活动。老陈活动之余还时不时地打两个哈欠，但是老乡还没有走的意思，老陈就指着外面的路说："你认识去你儿子家的路吗？"老乡说："认识啊。"老陈说："等下天黑路滑你恐怕就得打车去了。"老乡一下子站了起来，嘴里念叨着："打车太贵了，不行了，我走了，改天聊。"

有时候，一些闲聊者如此无聊地消磨时间是因为他们没什么事情可做，如果我们能给他们一些很好的建议，使他们有兴趣去尝试，他们就无暇光顾我们的家了。

当然，如果对方是我们非常好的朋友，就用不着那么委婉和煞费苦心了，我们可以直截了当地告诉他："我还有事要做，不能奉陪了。"这样朋友就会谅解我们，甚至还有可能嗔怪我们："你怎么不早说呢？都老朋友了嘛！"

第十章

好好说话，就是掌控场面风趣幽默

1. 朋友见面，幽默的客套少不了

见面握手，是表示我欢迎你，并尊重你的一种友好方式。而以幽默来打招呼，则是有力地表示我喜欢你，我们之间有着可以共享的乐趣。分享乐趣的欢乐自然要比简单的握手或是说句"你好"更加受人欢迎。

有位心理学家说过："如果你能使一个人对你有好感，那也就可能使你周围更多的人对你有好感。只要你以友善、机智、风趣去传播你的形象，时空距离就会消失。"

1965 年 7 月，毛泽东在中南海接见回到社会主义祖国的李宗仁先生。李宗仁刚一进门，毛泽东便热情地迎上来，对李宗仁和夫人郭德洁女士说："你们回来了，很好，欢迎你们。"

待大家坐定，毛泽东又幽默地对李宗仁说："德邻先生，你这一次归国，是'误上贼船'了。台湾当局口口声声叫我们作'匪'，还叫祖国大陆作'匪区'，你不是'误上贼船'是什么呢？"

陪同李宗仁来的程思远接口答道："我们搭上这一条船，已登彼岸。"

在座的人听到这样风趣的对话，都哈哈大笑起来。

毛泽东的幽默话语，使气氛马上活跃起来，免去了刚刚见面的尴尬，也加深了李宗仁对毛泽东的钦佩和尊敬之情。

在这幽默的话语里，毛泽东既有对李宗仁选择光明道路的肯定和赞赏，也表达了对中国共产党领导革命胜利和社会主义建设的自豪感。

当气氛变得融洽之后，接下来的交谈自然也就亲切顺利多了。就像有人一见面就说："我一定在哪儿见过你，好面熟呀！""是吗？这不可能吧，我一直都在外地，前几天刚回来。""那就是在梦里，在梦里，我可能见过你。"虽然大家都清楚，这样的说法多半不会是真事，但这种最初的会面方式，却在幽默诙谐中让人感到亲切，把两个人的过去连接在了一起，也为将来连接在一起创造了基础。

一个男人对一个刚刚相遇的朋友说："我结婚了。"

"那我得祝贺你。"朋友说。

"但是不久前又离了。"

"那我更要祝贺你了。"

这个朋友并没有对男人离婚的事表示劝慰，而是反其道而行之地表示了祝贺，暗含了对痛苦婚姻的评价，让对方在会心一笑中消除了烦闷，自然也就对这个初次见面，并这么幽默风趣的朋友产生了好感。

初次见面对于一个人形象的树立和日后的交往有着很重要的作用，所以很多人都会在初次见面时特别注意自己的行为举止，例如不要说错话、不要迟到等，但有时难免也会遇上些特殊情况，而导致这种错误无法避免地发生了。这个时候，与其连连道歉，倒不如让幽默来为自己救救场。这样不仅很容易消除对方心中的不满，没准还能为自己留给对方的第一印象额外加分呢。

一位教师第一次到一个地方上课，不巧却赶上了一场大雨，很难拦到车，等他好不容易赶到授课地点时，已经晚了 10 分钟，一推教室的门，迎接他的是几十双清澈而明亮的眼睛。

教师为自己的迟到感到抱歉，他走上讲台，向同学们鞠了一躬，然后说："不好意思，让同学们久等了。我是讲《公共关系学》的，但和老天爷的关系显然没处理好。瞧，它今天一点儿也不欢迎我……"

教师满含幽默的道歉顿时激起了同学们的欢笑和阵阵掌声，初次上课便迟到的尴尬早已消失不见了。

很多人知晓了幽默的好处，却苦于没有那么多幽默的素材。其实，幽默在于积累，平时多注意从家人、同事、亲朋好友那儿获得幽默的素材，注意倾听他们所说的趣事，就可以随时增加自己的幽默资源。待到用时，你就可以手到擒来了。

不过，需要注意的是，幽默要有一个尺度，尤其是那些可能让对方尴尬或误会的话不说为妙。我们运用幽默的目的在于活跃气氛，千万不要弄巧成拙，适得其反。

2. 幽上一默，陌生的关系迅速"破冰"

有人说，别看大城市里熙熙攘攘，人来人往的，其实每个人却都像生活在孤岛上。也有人说，城市生活就是几百万人在一起感到寂寞。但别忘了，陌生人之间同样需要幽默。它能使你走到哪里，哪里就有笑脸绽开，使你在陌生人的世界里不会感到冰冷和孤独。

当然，从未见过面的陌生人，相互之间总是设防的，不会像老朋友那样随和，而要想打破这份沉默，让彼此变得亲近，其实只需要几句轻松幽默的话就行了。

有一位保险推销员向旅社的老板销售保险，当两人在旅馆中进行商谈的时候，如同一般投保人的反应一样，那位老板这么对保险推销员说："这件事情让我再考虑几天，因为我还需要和我的太太商量一下。"

保险推销员在听完他的推脱之词后，这样对他说："来到贵店'太远'，如是'太近'的话，多来几次也无妨。但是偏偏我却是身居在那遥远的台北……" 原来这家旅馆名叫"泰远"，与"太远"谐音。听了这番话之后，那位老板随之就忍俊不禁，结果一高兴就买下了那份保险。

我们常常说某人很诙谐，指的就是这个人会开玩笑，偶尔会幽上一默，而我们大家最喜欢的也就是这种类型的朋友。如果谁的朋友圈子里有这样的朋友出现，一定会被大家称为"开心果"，想必每个人都会愿意与之亲近。

因为有幽默感的人往往能从平凡的小事中发现有趣、光明的一面，或是从最坏的情况中得到最大的满足感。英国幽默作家伍德豪斯说："可以使人开怀大笑的，就是幽默！"幽默更是一种心智成熟的最佳表现。

偶尔幽上一默在人际交往中的作用是不可低估的。幽默可以使人际关系变得宽松、和谐，富有情趣，可以消除彼此之间的疏离感，让人们在一种轻松愉快的气氛中完成社交任务。现实中，许多政治家、教育家、艺术家、谈判家都知道，如果把幽默的神奇力量注入谈话之中，就可以使自己更容易与人亲近，更富有人情味。

克林顿总统的萨克斯管吹得很好，但一直没有展示的机会。

一次，克林顿发表竞选演说时说："有人问我除了会吹牛之外，还会吹什么？"然后他胸有成竹地拿出藏在身后的萨克斯管，接着说："今天我要让大家知道，我还会吹这个。"

随后，克林顿拿出了看家本领，一气吹了好几首名曲，他的才艺展示和他的幽默话语，一起帮助他拉近了与选民的距离，颇得选民好评。

幽默能够迅速消除人与人之间的陌生感，并为幽默者增添魅力。幽默也能拉近人与人之间的情感距离，因为一起笑的人表明他们之间已经有了共同的兴趣、爱好，这是社交成功的第一步，也是很重要的一步。

小布什访华时曾在清华大学演讲，对于初次见面的清华学生，他用自己深厚的幽默功底来拉近与学生们的距离。

当时小布什由时任中国国家副主席的胡锦涛陪同，小布什知道胡锦涛也是清华的校友，于是他的演说词中有这样一段话："我知道这个地方对你们的副主席是多么有意义。他不仅在这里拿到学位，而且更重要的是，他是在这里与他和蔼可亲的妻子相识的。"

学生们都被小布什逗笑了。

后来，小布什还讲了这样几句话："我有幸在1975年访问中国——那时在座的有些人还没有出生。这表明我有多么老了。"

无疑，小布什面对清华大学年轻学子的演讲，是非常成功的。

幽默是一种积极的生活态度。偶尔幽上一默往往与乐观、愉快、希望等联系在一起。所以，生活中，人们往往更愿意接近幽默的人。没有幽默感的人，就像没有弹簧的马车一样，路上的每一块或大或小的石头都会使其遭到颠簸。因此，获得别人好感的关键因素之一就是：把幽默注入别人的内心，消除彼此之间的疏离感，让大家都成为你的朋友。

3. 自嘲：笑自己最安全

每个人都有遇到尴尬的时候，弄不好就会让自己颜面尽失。聪明的人在遇到这种情况的时候，常常能够幽默豁达地自嘲一番。善于自嘲的人总是能巧妙地摆脱尴尬，变被动为主动。自嘲，从表面看是自己让自己难堪，在别人面前出乖露丑，实际上"后退是为了更好地向前"，不仅不会使自己陷入窘境，反而能出奇制胜，令人惊叹与折服。

新郎新娘将要举行婚礼了，新郎发现许多亲朋好友在暗地里议论不停，原因是新郎身高一米八几，新娘身高仅有一米四几，人们认为新郎新娘身高很不般配，故将此作为笑谈。聪明的新郎撰写了一副自嘲的对联贴于洞房门口："长短都不论，高矮要结婚。"横批为"取长补短"。亲朋好友看到对联后无不捧腹大笑，这笑声没有丝毫的贬义与讥讽，而是人们对新郎发自内心的钦佩与礼赞。

以自贬自抑的幽默方式堵住别人的嘴巴，摆脱窘境，从而争取主动，就是所谓的自嘲自讽术。而且，由于自嘲式幽默是一种自我贬低，因此很容易引发别人的同情心，得到别人的帮助。

例如旧社会的相声艺人街头卖艺，为了混口饭吃，在表演完毕之后，会向行人看客讨要赏钱。为了挣到这些钱，其说辞都是很精彩的："我不是谁的钱都要。好几百位看客都给钱，说相声的早发财了。左邻右舍您别给，周围做买卖的您别给，没带钱的您别给，大票换不开的您别给，哪位有零钱今儿不愿给的，你别给。不过，都不给，我们吃什么呀？无君子不养艺人，我们外出谋生，就靠列位君子养活呀！哪位有零钱，给带个头儿，我看也不费劲儿，掏出来'啪'一扔，摔破了您甭管。我们是您的开心果，您喜欢养猫，我们就是猫；您喜欢养狗，我们就是小狗；您喜欢养鸟儿，我们就是鸟儿。养鸟儿不是听叫唤的吗？小鸟儿人叫半天了，该您喂食了。"

这是彼时相声艺人迫于生计的自嘲，这种自嘲，极力贬低自己，使观众听后无不产生了一种怜悯之情。

在生活中，当别人有事求你，你想拒绝，可明言拒绝，会让人难堪，而运用自嘲，委婉拒绝，既表达了自己的拒绝意图，又使对方乐于接受。

自嘲、自讽是幽默的最高层次，口才好的人以自己为对象来取笑可以消释误会，抹去苦恼，打动别人，获得尊重。

有一次，美国总统林肯参加一个编辑大会，但他曾经在某个报纸编辑大会上发言指出自己不是一个编辑，所以他出席这个会议，是很不相称的。

为了化解这种状况，他给大家讲了一个小故事：

"有一次，我在森林里遇到一位骑马的妇女，我停下来让路，可是她也停下来，目不转睛地盯着我的面孔看。

"她说：'我现在才相信你是我见到的最丑的人。'

"我说：'你大概讲对了，但我又有什么办法呢？'

"她说：'你已生就这副丑相当然是没办法改变的，但你还是可以待在家里不要出来嘛！'"

大家都因为林肯幽默的自嘲而大笑不止。

通过嘲笑自己的长相、缺点、遭遇等，可以使辩论者轻松地摆脱困境，为自己解围，因此，自嘲在辩论中有特殊的表达功能和使用价值。

当然，需要注意的是，自嘲和自讽要注意场合，审时度势，相机而行，这样才能充分发挥其独特效果，不然，你的幽默自嘲只会让场面变得更加尴尬。

"一个胖子，从20楼跳下来，会变成什么？"大家都猜不中，讲笑话的人最后开盅："会变成死胖子！"大家一阵哄笑。本来，这是一个很不错的笑话，小胖一到比较紧张的场合，想要活跃一下气氛的时候，就喜欢讲这个笑话，因为小胖从来都是讲笑话和听笑话的人里面最胖的那一个。所以，每次大家听完，都会当作小胖的自嘲。

有一天，公司的领导到小胖他们部门小坐，同事们都不敢说话，气氛比较紧张，这时，小胖就想到了这个笑话。可是，这次他讲完之后，居然没人笑，气氛更加尴尬。这时他才发现，原来领导来了之后，最胖的人已经不是他自己了。

如果清楚自己自身的缺点，不妨像这个小胖一样，大胆巧妙地进行自嘲，但是一定要注意场合，千万不能弄巧成拙。

可以说，在社交场合中，自嘲是不可多得的灵丹妙药，别的招不灵时，不妨拿自己来"开涮"，至少自己骂自己是安全的，除非你指桑骂槐，一般不会讨人嫌。智者的金科玉律便是：不论你想怎样笑别人，先笑你自己。嘲笑自己不仅可以充分显示出你的自信，还能够巧妙地维护自己的自尊，这样有人情味的人相信没有人不愿意靠近。

4.尴尬时刻，幽默来救场

在拥挤的公交车上打翻豆浆；超市付款时发现自己没带现金；狂按多次打火机却还是没能点燃香烟；在车站慌忙之中拎错了别人的行李……在我们的日常生活中总会有一些不期而遇的小尴尬，而如何去应对这些小尴尬不仅能显示一个人的修养，更能将他的智慧展露无遗。

善于运用幽默的人，总是能在关键时刻将自己从尴尬的氛围中解救出来，在别人遭遇同样境况的时候，也能够巧妙幽默地为他人找到合适的台阶，让他人免遭尴尬。

里根总统的机智幽默已经是长久以来都被世人所公认的了。

一次，他在白宫钢琴演奏会上讲话。忽然，他的夫人南希不慎跌倒在台下的地毯上。看到这一情景，观众都吃惊地看着里根，局面很是尴尬。

这时，只见里根佯装生气地对夫人说道："我说亲爱的，难道你忘记了吗？我不是告诉过你，只有在我没有获得掌声的时候你才能这样表演吗？"

语罢，台下的观众大笑不止，继而爆发出了雷鸣般的掌声。

可想而知，一个女人摔倒在大庭广众之下是何等尴尬和难堪。但是，里根却随机应变地用幽默的语言故意曲解，把夫人无意造成的"不雅举动"转换成了有意的"即兴表演"，既顺利地给夫人送了个台阶，又使得现场紧张难堪的气氛得到了缓解。

给处在尴尬中的人一个台阶下，既能显示出我们的幽默，也能帮助对方脱离尴尬的境地。这种机智的做法往往会得到受帮助的人的万分感激，所以通常幽默的人人缘很好，他们能展现出自己良好的修养，以及帮助身边人变得更好的态度。

很多时候，其实给别人一个台阶下很简单，一句话就能够做到。比如有人在你面前跌倒，正当众人看着他笑话时，你说道："哟，这是刚来地球不是适应这里的引力吗？"这样一句玩笑话就把众人关注的重心转移到你这边，众人哈哈一笑，笑的是你的玩笑，而不再是笑那个人跌倒。在别人遭遇尴尬时，帮助对方化解一下，给一个台阶下，就是这么简单。

英国首相丘吉尔有一个习惯，只要完成了手头上工作，不管什么时候，他都要去洗个澡，以示休息。第二次世界大战期间，丘吉尔来到华盛顿会见当时的美国总统富兰克林·罗斯福，要求英美联合起来，共同对抗德国法西斯，并希望美国能给予物资方面的援助。丘吉尔被安排住进白宫，受到了热情款待。

有一天上午，丘吉尔洗完澡后，在白宫的浴室里正光着身子踱步思考问题，这时，有人敲响了房门。

"进来吧。"丘吉尔下意识地喊道。

门开了，美国总统罗斯福出现在了门口。他看到一丝不挂的丘吉尔，感到尴尬，立刻就想退出去。

然而丘吉尔却伸出双臂，对罗斯福大声呼唤道："进来吧，总统先生，大不列颠首相是没有什么东西需要对美国总统隐瞒的。"罗斯福闻言停住，两人相视哈哈大笑起来。

这次谈判取得了成功，英国如愿得到了美国的援助。可以看出，丘吉尔幽默诙谐的话语，对谈判的成功也产生了不小的作用。它不仅化解了丘吉尔自己的尴尬，也巧妙地化解了对方的尴尬，无伤大雅地处理好了这个问题，得到了对方的好感和认同。

在现实生活中，由于各种原因，我们难免会陷入一些尴尬的局面。如果此时心慌意乱，手足无措，事情只会往更糟糕的方向发展，带给自己和他人更大的麻烦。这种情况下我们到底应该怎么做呢？这时我们最佳的选择便是冷静下来，巧妙地运用幽默，通过幽默的力量在无伤大雅中处理好问题。

5. 风趣的语言说服效果更佳

板着脸，摆事实讲道理，说服别人的效果不一定好，即便是表面上被说服了，对方常常也是口服心不服。这时我们不妨打破思维常规，从一个人们意想不到的角度提出一个荒唐的意见，使对方在发出一笑的同时，明白自己见解的不妥，这时我们再趁热打铁，就能取得想不到的说服效果。

远东国际军事法庭审判以东条英机为首的日本甲级战犯，因为排定座次问题，各参与国的法官们展开了一场激烈的争论。中国法官理应排在庭长左手的第二把交椅。可是由于中国国力不强，而被各国法官所否定。

在这种情况下，中国出庭的法官梅汝璈面对各国法官据理力争。他首先从正面阐明，排座次应按日本投降时各受降国的签字顺序排列，这是唯一正确的原则立场。正面讲完道理，还不能说服众人，他接下来选择运用幽默战术。

只见他微微一笑说："当然，如果各位同人不赞成这一办法，我们不妨找个体重测量器来，然后以体重大小排座次，体重者居中，体轻者居旁。"

各国法官都忍不住地笑起来。庭长说："你的建议很好，但它只适用于拳击比赛。"

梅法官接着说："若不以受降国签字顺序排座，那还是按体重排好。这样纵使我被置末位也心安理得，并可以对我的国家有所交代，一旦他们认为我坐在边上不合适，可以派一个比我肥胖的来换我呀。"这话令全场大笑起来。

梅法官的幽默有很强的讽刺性。在这个举世瞩目的国际法庭上竟要按体重来排座次，真是荒唐至极。这个荒唐的提议虽然引人发笑，但是能够有力地说明各国以强凌弱，蛮不讲理。这种幽默的方法比正面讲理更有说服效果。

这一天，小甘罗正在自家后花园里玩耍，忽然看见爷爷走过来，他刚要喊爷爷，却发现爷爷不停地唉声叹气，像是有什么心事。于是懂事的甘罗上前询问："爷爷，您遇到什么麻烦了？"

爷爷说："大王不知听了谁的挑唆，要吃公鸡下的蛋，命令满朝文武去找，要是三天内找不到，大家都得受罚。孩子呀，这公鸡如何下得了蛋！"

"大王也不能这么不讲理啊！"甘罗气呼呼地说。

爷爷无奈何地摇摇头，甘罗却突然眼睛一眨，想到了一个主意，说："爷爷您别急，我有办法了！"爷爷并不十分相信，但甘罗信心十足，并要求第二天替爷爷上朝。

第二天早上，甘罗真替爷爷上朝了。他不慌不忙地走进宫殿，向秦王施礼。秦王见是一个小孩，很轻视他，说道："小孩子上朝来干什么，叫你爷爷来！"

甘罗不急不慌地说："回禀大王，我爷爷今天来不了啦。他正在家生孩子呢，托我替他上朝来了。"

秦王一听哈哈大笑："小孩子胡言乱语！男人怎么可能生孩

子呢？"

甘罗趁机说道："既然大王知道男人不能生孩子，那公鸡怎么能下蛋呢？"

综观古今名人，成就大事者，无不具有幽默的细胞。他们都有崇高的理想，渊博的学识，还有一颗宽广的心。其实，幽默不一定要令人捧腹大笑，也不一定脍炙人口，有时一个小小的玩笑，就能让别人哑口无言。

6. 幽默面试，让你脱颖而出

面试现场总是会云集无数的人才，但别以为应聘的人多，就会让主考官会有个好心情，他其实烦得很，基本上很难静下心来听你喋喋不休地讲个没完。职场资深人士指出，实际上你刚做完自我介绍主考官就决定了是否要录用你，余下的几分钟交谈完全是安慰性质的敷衍，因此，一定要让你自己的介绍有特色，能给主考官留下深刻的印象。

现实招聘面试中，不少求职者在做自我介绍时，显得琐碎、啰唆、没有条理。有的从上小学谈起，初中、高中、进厂、干什么工作、表现怎样，等等，过于详尽。有的甚至什么时候结婚、什么时候生孩子等家庭情况也详细介绍，不仅占用过多时间，而且让人感觉乏味。

聪明人会选择用幽默的自我介绍作为开场白，这样即使自己没有什么明显优势，也会给主考官一个"聪明伶俐、反应灵活"的印象。而且就算自己有什么不足，幽默一下，也能挽回一些印象分。

面试官："在这里做事，你想要什么样的未来？"

面试者："我也是有文化的人，不求十全十美，但要尽善尽美，希望会有好前景。"

面试官："希望什么岗位？"

面试者："我是学人力资源管理的，是管理学学士，英语六级，最好能在管理岗位；不能在管理岗位，做个打字、收发信件的文书也行；不能当文书，在办公室扫地、端水、抹桌子……打打杂也行；打杂不行，下车间、到班组也行。"

面试官："期望多少薪酬？"

面试者："50万？想都不敢想；20万？痴人说梦；10万？绝不可能；六万？非常非常满意；四万？非常满意；两万？满意；一万？我知道不是月薪，是年薪，我也……满意。如果公司还有困难的话，打张白条，也行。"

所谓的面试，就是一个彼此之间相互了解的过程。在这个时候，对方还不是你的上司。面试双方之间应该是平等的，没有高低之分。所以，你根本没必要表现得过于紧张，紧张也会有碍你正常水平的发挥，不见得能给对方留下什么深刻良好的印象。反之，如果你表现得轻松自然，甚至能巧妙地运用幽默缓解自己的情绪或者表现出机智，则说明你有大将风范，这样的人才往往更被现在的企业所看重。

像上面这个面试者这样，人家虽然不一定会录用他，但他给主考官留下的印象一定是深刻的，而且不会太坏，这样就不是一次失败的面试经历。所以大家在面试时，也不妨多点幽默，无论求职成功与否，对自己都是有利而无害的。

另外，很多人进入面试时会表现得紧张，不少有能力、有才华的人为此痛失机会。对于面试官来说，紧张慌乱的应聘者，意味着在工作中也不能胜任。

此时，如果你善于幽默，可以在此时发挥，调节一下气氛。幽默是人与人之间的润滑剂，是一个敏锐的心灵在精神饱满、神气洋溢时的自然流露。幽默的人总能机智地化解尴尬，给人留下好印象。

有一个女生，在一次电视台主持人招聘面试中，考官问她："三纲五常中的'三纲'指什么？"这名女生答道："臣为君纲，子为父纲，妻为夫纲。"她刚好把三者关系颠倒了，引起哄堂大笑。可她镇定自若，幽默地说："我指的是新'三纲'，我们国家人民当家作主，领导是人民的公仆，当然是'臣为君纲'。计划生育产生了大量的'小皇帝'，这不是'子为父纲'吗？现如今，妻子的权力逐渐升级，'妻管炎''模范丈夫'流行，岂不是'妻为夫纲'吗？"

这位女生机敏幽默的回答，显示了她的口才与智慧，显示了她的竞争实力，最终帮她顺利通过了面试。

可见，在面试中幽默是自信的表现，是善于处理人际关系的反映。可以说，哪里有幽默，哪里就有活跃的气氛；哪里有幽默，哪里就有笑声和成功的喜悦。

为此，在严肃、紧张、决定前途的面试中，不妨来点幽默，不仅使自己放松，也可使考官记住你，让你在面试中脱颖而出。

7. 有人问你离职理由时，不妨一笑带过

"你能否描述一下你离开以前所供职单位的原因？"这类问题在面试时经常会被问及，如何回答一定要谨慎权衡，因为一旦你的回答有所偏失，即使是如实回答，也难以赢得面试官的认同。

沈亦洋在某广告公司工作三年多，业务上是一把好手。但因与上司长期不和，沈亦洋忍无可忍，终于选择了跳槽。在朋友的推荐下，沈亦洋面试了好几家企业。

无一例外地，招聘人员都问到了跳槽的原因。刚开始，沈亦洋直言相告，却都没能应聘成功。朋友打探后告诉沈亦洋，对方觉得他业务能力不错，但"与上司不和"这一点，却一票否决了沈亦洋——与领导关系都搞不好，可见不会处理人际关系。

于是，沈亦洋吸取教训，将离职原因改为"收入太低"，可应聘的几家单位却仍不敢要他。朋友打听后告诉沈亦洋，对方怕被他当作"过渡"单位，一有更好的单位挖墙脚，就可能会再次跳槽。

沈亦洋头疼地说："'为什么跳槽'真是个难解的谜，怎么回答，都有可能被招聘单位抓'小辫子'。"

是啊，面试时该如何回答关于离职原因的问题才是最理想的呢？其实，无论你的真实原因是什么，说出来都有可能会成为不被录取的把柄，幽默一下，一笑带过才是真正聪明的做法。

　　宋子炜在一家外企做销售，去年12月份被公司无情辞退。此后数月，宋子炜上不断投递简历，终于在今年3月初获得了相同领域一家民企的青睐。

　　面试开始后，面试主考官问："首先十分感谢你来我们公司面试，请你自我介绍下！"

　　宋子炜说："我曾在一家外企从事了两年的销售工作，积累了不少的相关工作经验，希望能和贵公司有新的合作。"

　　面试主考官："请你谈谈你离职的原因？"

　　宋子炜："现在经济环境不好，企业面临经营困难，进行了人员调整，所以我被裁了。"

　　面试主考官："请问你上家公司有多少员工？"

　　宋子炜："250人左右。"

　　面试主考官："公司裁了多少人？"

　　宋子炜："三分之一，而且我所在的销售部门被裁得只剩下一个部门经理了。"

　　宋子炜本以为自己如实地说出离职原因会争取到"诚实分"，而且也说明了"销售部门被裁得只剩下一个部门经理了"，证明自己没有过错，但最终对方还是以"当前经济不景气，你可能无法转化工作压力"为由没有录取他。从此宋子炜学乖了，面试中再涉及此类问题，他就不再据实回答了。

　　面试主考官："在你以往的销售工作中，最成功的推销经历是什么？"

　　宋子炜："推销我自己。"

　　面试主考官眼睛一亮，接着问："那你为何离职？"

　　宋子炜："待在原岗位上的人的理由都是一样的，而选择离开的人理由各不一样。关于我离职的理由，天知、地知、我知，相信阅人无数的您也知，就不用我多说了吧！"

考官听了宋子炜的说辞，笑得合不拢嘴，说自己与宋子炜相见恨晚，让他第二天就来上班。

幽默地避免敏感答案，并不意味着欺骗，反而会让主考官发现你应变灵活、诙谐幽默的一面，对你应聘成功是非常有帮助的。

除此之外，曾有调查表明，目前在面试中常见的离职原因包括：人际关系不好处理、收入不合期望、与上司相处不好、工作压力大等。但从企业招聘方面来看，这些原因都或多或少包含求职者本身的因素，可能影响将来的工作发挥，因此不建议采用此类原因作为回答。像"大锅饭"阻碍了发挥、上班路途太远、专业不对口、结婚、生病、休假等人们都可以理解的原因，是尽可以如实道来的。

8. 以幽默的口吻说服老板为你加薪

在网络热播剧《万万没想到》中，王大锤经常幻想："不用多久，我就会升职加薪、当上总经理、出任CEO、迎娶白富美、走上人生巅峰，想想还有点小激动。"

然而在现实生活中，我们的薪水是不是停滞不前，而我们自己又说不出老板到底出于什么考量而对我们的加薪只字不提？

虽然这其中的原因是多种多样的，但你又是否为自己争取了，争取的过程是否又足够"巧妙"呢？如果在这方面，你一点技巧也不懂得，那么很有必要去学一学如何以幽默的口气去和老板谈加薪了。

老刘工作积极，工龄五年，加薪是他渴望已久的事情。但是，他在厂里虽然从没有什么过错，老板却根本没有给他加薪的意思。

为此，老刘非常烦闷，觉得自身价值没有得到认同，他曾多次在工作总结会上暗示过老板，但老板对此也没有丝毫反应。他打算明确地向老板提出加薪的要求，可是又觉得不太好意思，怕遭到拒绝，但是不说的话，自己薪水这么低，又不太甘心，最后他还是鼓起勇气，委婉地向老板说明了自己的意思。

一天午餐时间，老刘"偶然"在餐厅遇见了老板，然后热情地和老板打招呼，老板看见老刘的餐盒里只打了一样菜，就说："老刘，怎么吃得这么少啊！"

老刘马上苦着一张脸，半开玩笑地说："谁叫咱挣得少呢，开源不行就要节流嘛！只是可怜我都这把年纪了，还得跟着年轻人一起减肥啊，哈哈……"

老板听后没说什么，只是笑了一下就离开了，老刘以为自己弄巧成拙了，没想到，月末，老板竟然为老刘加薪了，事情就这么简单而完美地解决了。

当然，幽默地向老板提出加薪也是需要讲究技巧的。老刘之所以没有贸然提出加薪，也和他的同事老王要求老板加薪的失败经历有关。

老王认为他的这个经历非常糟糕。老王在这家公司工作快三年了，对自己的工作熟悉到不能再熟悉的程度，而老板却没有任何给他加薪的意思。老王一时冲动，就以熟悉业务为谈判条件向老板提出调动职位，其实是想迫使老板为他加薪。老王后来对老刘说，自己当时的举动是非常错误的。结果是薪水没有加上还弄得老板很不高兴。此后，老王与老板的关系一落千丈，不得不离开了那家公司。

因此，老刘认为只有以幽默、试探的语气向老板表达自己的意图，老板才会注意聆听，并且和自己进行友好的交流，最终可能会为自己加薪。

在职场中，许多人的工作能力非常优秀，但是由于他们不善于表现自己，所以没有获得足够好的待遇。如今的企业老板大多异常繁忙，不可能每时每刻都留意你的表现，所以作为员工有必要主动、适时地表现自己，只有这样才可能得到老板的关注。当然，每个人的表达方式都会不同，只要能达到了表现自己的目的就可以了。

其实从某些方面来说，老板和员工的关系是平等的。只要你认为加薪是合理的，你就有权提出来。差别在于你需要注意说话方式，最好是巧妙地把自己的意图传达给老板，就算老板不同意你的观点，双方也不至于陷入尴尬的局面。

有着规范薪酬制度的单位，对于每个员工的评价都会公正而客观，他们会关注每一个员工的成长与进步、岗位交流、专业培训等情况。只要你能力优秀，又足够努力，那么晋升自然会随之而来，员工的工作自然会变得积极和主动，不需要员工本人去刻意追求或为是否向老板提出加薪用尽心机。

有一部分人认为，自己到底有多少本事，是向老板提出加薪时的"底牌"。事实上只要你遇到了开明的老板，只要你有真才实学，老板自然会很乐意根据你的贡献给你加薪；如果你的能力很弱，做不出什么业绩来，别说加薪，就是想保住位子也很困难。而凑巧你的老板是个很抠门的人，那么就更要三思而后行了，否则很容易弄巧成拙。

与老板商讨加薪的时候，底气足不足，自己是最清楚的。没有底气，加薪的事也就甭提了。所以说，加薪的前提是要有底气。底气是什么？也就是你平时的工作表现以及你为公司的发展所做出的贡献。有了这一切，你的底气自然就上来了。此外，你要多相信老板和同事的眼光，是金子总会发光的，是人才总会获得相应的待遇的。

说到底，加薪是一个敏感的话题，说不好如同引火烧身。因此，要求老板加薪的言辞必须慎重，我们可以用幽默的口气试探老板的心意，即使不成功也不会让老板有什么意见。